DEGUO

YANGLAO FUWU
ZHIYE JIAOYU YANJIU

德国养老服务职业
教育研究

张 俊　黄 茜
主 编

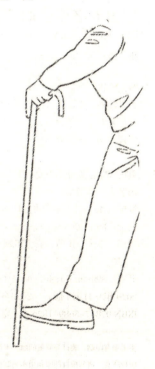

重庆大学出版社

图书在版编目（CIP）数据

德国养老服务职业教育研究 / 张俊，黄茜主编 . -- 重庆：
重庆大学出版社，2020.9

ISBN 978-7-5689-1826-8

Ⅰ.①德… Ⅱ.①张…②黄… Ⅲ.①养老—社会服务—职业
教育—研究—德国 Ⅳ.① D751.686-4

中国版本图书馆 CIP 数据核字（2019）第 238798 号

德国养老服务职业教育研究
DEGUO YANGLAO FUWU ZHIYE JIAOYU YANJIU

张 俊 黄 茜 主编

策划编辑：李佳熙
责任编辑：李桂英
责任校对：关德强
责任印制：张 策

重庆大学出版社出版发行
出版人：饶帮华
社址：（401331）重庆市沙坪坝区大学城西路 21 号
网址：http ://www.cqup.com.cn
印刷：重庆市正前方彩色印刷有限公司

开本：890mm×1240mm 1/32 印张：9.5 字数：176 千
2020 年 9 月第 1 版 2020 年 9 月第 1 次印刷
ISBN 978-7-5689-1826-8 定价：58.00 元

编者名单

主　审：任　波　罗小秋

副主审：吕　红

主　编：张　俊　黄　茜

副主编：田奇恒　吴秋桃　雷　雨

编　者（以姓氏笔画为序）

田奇恒（重庆城市管理职业学院）

吕　红（重庆城市管理职业学院）

向钇樾（重庆城市管理职业学院）

任　波（重庆城市管理职业学院）

罗小秋（重庆城市管理职业学院）

刘　芳（重庆城市管理职业学院）

李　莉（重庆城市管理职业学院）

李昌骏（重庆城市管理职业学院）

张　俊（重庆城市管理职业学院）

吴秋桃（重庆城市管理职业学院）

杨小红（重庆城市管理职业学院）

何　静（重庆城市管理职业学院）

胡尹慧（重庆城市管理职业学院）

胡耀友（重庆城市管理职业学院）

黄　茜（重庆城市管理职业学院）

雷　雨（重庆城市管理职业学院）

PREFACE 前言

　　为贯彻落实《国务院办公厅关于深化产教融合的若干意见》（国办发〔2017〕95号）、《关于做好新时期教育对外开放工作的若干意见》、《国家职业教育改革实施方案》（国发〔2019〕4号）、《国务院办公厅关于推进养老服务发展的意见》（国办发〔2019〕5号）等文件精神，为适应我国经济发展需要、顺应职业教育发展规律、提升养老服务人才培养质量，使职业教育与国际接轨，确保出版质量高、实用性强的专著，我校组织教师及科研团队于2016—2019年多次奔赴德国学习、进修，开展科研活动。前后多次与柏林IB大学、IB集团旗下的医学院（养老护理职业培训学校）、斯图加特市IB养老机构（日间照料中心）、柏林IB大学及双元制实践教学基地柏林急救医院等机构进行了深入的实地考察和现场调研，针对专业建设、课程形式、教学内容、课程标准、授课形式等进行探讨和确认，特编写了《德国养老服务职业教育研究》，以期对我国职业教育提供参考和借鉴。

　　本专著用八个章节阐述了德国职业教育服务体系研究，涵盖职业教育的多个方面，具体包含以下内容：德国养老服务政策、体系和标准综述（任波、田奇恒、何静），德国职教体系和养老服务人才培养双元制内涵（张俊、吴秋桃），德国养老服务教学质量评估及从业资格认证（雷雨、刘芳），德国养老服务课程体系及课程标准设计（向钇樾、黄茜），德国养老服务教学中的设计与方法（黄茜、杨小红），德国养老服务师资队伍建设（雷雨、胡耀友），德国养老服务校企合作与实践（李莉），中德养老服务体系比较（吕红、胡尹慧、李昌骏）。

　　本教材主要适用于高职高专设置养老服务及相关专业的院校，同时也可作为高职高专教师开展教育、教学的参考用书。

　　由于专著编写可借鉴的资料较为匮乏，存在的不足之处，敬请各种专家、读者批评指正。

编　者

2019 年 5 月 23 日

CONTENTS 目录

第一章
德国养老服务政策、体系和标准综述

　　早在 20 世纪 70 年代，德国就出现了老龄化的趋势。随着"二战"后婴儿潮的结束和经济的发展，德国的生育率开始下降，人口结构老龄化的趋势日益严重。德国联邦统计局统计数据显示，截至 2009 年底，德国总人口约为 8 200 万人，其中 1 700 万人超过 65 岁，占总人口比重约 21%，1/4 的人口超过 60 岁。目前，德国的老龄化程度已经位于世界前列。未来，德国老龄化的问题将继续加剧。德国政府预计，到 2050 年，德国 60 岁以上的老年人将占全国人口的 35.5%。

　　德国的养老院从社会观念到服务设施都与中国的截然相反。德国有着"养小不养老"的传统。关于孩子的抚养，无论是法律还是道义都有约束，但是赡养老人几乎没有。

孩子工作了，没有义务养家里，父母靠自己工作养活自己。男士一般 67 岁退休，刚退休的一段时间是他们生活最富裕的阶段。退休工资高，开"大奔"的多是中产阶级的退休人员。不过，75 岁以后他们一般就开始规划养老了，卖房卖车，把钱凑到一起，合计可以住什么级别的养老院，然后拿个小包裹就去养老院了。

第一节　德国养老政策制度

一、德国养老四大支柱

第一支柱是社会基本养老保障。根据法律，所有的工人和职员都要参加养老保险，养老保险费约占员工总收入的 20%，由雇员和雇主各付一半，并从雇员的工资中扣除。职工养老保险公司在职工职业能力减弱后支付养老金和社会保险金。通常年满 65 岁者即可领取养老金。

第二支柱是私人养老金计划。员工在岗时，由雇员、企业主分别缴一部分钱。这些钱可以进行投资，获取的收益和本金都进入雇员的个人账户。个人更换工作时可以带走，但不允许提前支取。

第三支柱是个人储蓄。个人平时存些养老钱，政府给予政策上的优惠。

第四支柱是援助计划。对老年人实施各种优惠政策，如医疗照顾计划，帮助支付保险外的所有医疗保健费用。此外还有住房基金、民间援助、针对老年人的监护法等。

二、德国养老保险制度

德国养老保险包括法定养老保险、企业养老保险和私人养老保险三部分，后两者又被称为"补充养老保险"。法定养老保险的覆盖面较广，既包括一般的养老金，也包括职业康复待遇、职业能力或就业能力丧失养老金等。法定养老保险资金主要来源于雇主和雇员缴费，费率根据实际需要随时调整。企业养老保险采取"直接支付原则"，即职工在工作期间积攒了多少企业养老保险，退休后他就能得到相应数额的养老金。目前，德国法定养老保险、企业养老保险和私人养老保险所支付养老金的比例大约分别为 70%、20% 和 10%。

三、德国护理保险和护理配套制度

（一）德国护理保险制度的创设背景

根据国际通用的 65 岁以上人口占总人口的比率这一统计口径，超过7% 称为老龄化国家，超过14% 称为老龄国家。德国在 20 世纪 80 年代后期到 90 年代前期探讨护理保险法时的老龄化率在 15%~16%。

德国在护理保险制度创设前没有成体系的护理服务体系及资金保障系统，在不同领域存在以特定人群为对象的补贴，如劳动灾害保险制度中的护理补贴、战争牺牲者的援助制度、医疗保险中的护理补贴。总体上，长期护理费用基本由个人负担。在个人无力负担时，可以求助于社会救助。入住养老机构需护理人员的护理费用也由个人全部负担。机构入住费用通常高于养老金，机构入住者的70%均接受社会救助。社会救助的费用由州及地方自治体负担，导致州和自治体的财政负担过重。为了改善这种状态，德国开始探讨创设以提供长期护理服务及降低财政负担为目的的长期护理保险制度。

（二）德国护理保险制度的制定过程

为了解决需护理老年人依靠退休金无法负担护理费用，只能靠社会救助的问题，德国在20世纪80年代后期开始探讨解决的办法，90年代开始了有针对性的具体对策的探讨。当时可供选择的方案有：①扩大社会救助的支付力度；②创设以税收为主要财源的护理保障体系；③灵活利用商业护理保险；④创设有关护理的社会保险。经过多方比较，最终选择集中于后两个方案。由于德国的公共医疗保险对高收入者及自营业者并不要求强制加入，允许其利用商业医疗保险，所以当时作为联合执政党之一的自由党主张灵活利用商业保险。最终在1994年4月各党派取得共识，通过了利用社会保险的法案。

（三）德国护理服务体系的具体组成

护理保险的执行机构。德国在医疗保险机构中设置专门运行护理保险的机构。医疗保险机构根据其服务对象不同分为地方医疗保险机构、职员替代医疗保险机构、手工业者替代医疗保险机构、企业医疗保险机构等八类。

护理保险的资金来源构成。德国护理保险的资金全部来自社会缴纳的保险费。被保险人为在职者，保险费由个人和雇主各负担一半；自营业者及退休人员全部由个人负担。接受护理服务时不需要再自付费用。

护理保险的参保对象及保险费的征收。德国将公共医疗保险的对象直接纳入护理保险的对象范围，加入民间医疗保险的要求同样加入民间护理保险。护理保险费与医疗保险费一同征收。德国公共医疗保险约覆盖全体国民的85%，公务员采用另外一套医疗及护理系统，高收入者也不适用此保险。公共医疗保险参保者的配偶及子女，如果收入在一定额度以下且未加入医疗保险的，可直接成为被保险者。护理保险保险费费率初期为收入的1.7%，2008年提高0.25%，占收入的1.95%（参保者和雇主各负担0.975%），23岁以上无子女参保者的保险费率为2.2%（参保者负担1.225%，雇主负担0.975%）。2012年保险费率再次调整为收入的2.05%。

护理保险的给付对象。德国护理保险的给付对象没有年龄限制，只要身体状况属于需要护理的状态，无论老人孩子均可以成为给付对象。

护理保险的给付内容。德国护理保险的给付内容分为服务给付和作为护理补贴的现金给付，由需求者进行选择。选择服务给付的，其费用可以得到全额支付；选择现金给付的，只能得到服务给付费用的一半。另外，服务给付与现金给付可以搭配使用。为了鼓励居家护理，除了给予进行护理的家庭成员护理补贴外，还为达到一定护理时间的护理者免费提供劳动灾害保险、由保险机构代替支付的养老保险金、护理培训等。服务给付内容分为居家护理（包括健康护理、家务援助服务、护理辅助用具的供给以及住宅改造的支援）、半机构护理（日托、夜间护理、短期护理）、机构全托护理（三种），不包含医疗服务内容。从给付情况看，1996 年护理补贴的给付占给付总额的 46%，2005 年下降到 24%；居家护理、半机构护理微增，机构护理一直在增加，从 1996 年的 26.2% 增加到了 2005 年的 50.2%。

德国老年人的护理等级评定。由于德国的老年人护理等级是由护理保险来界定的，其标准为：最低半年以上的日常生活照护且每日时间不低于 90 分钟，标准还特别提出身体照护时长必须高于家务协助时间。

德国的老年护理按程度只分为普通和重度两种，其中普通护理有三个级别，重度护理没有再细分。普通护理的划分有三级，跨度较大，导致每个等级之间的护理差距也较大。此外，德国的护理保险法规定确定为重度护理的总人数不能超过需护理的老年人总数的 3%，实行总量控制，因此导致部分需要重度护理的老年人不能接受相应的服务。

德国的护理程度认定由公益法人机构 MDK（医疗保险和护理保险各出资 50% 成立）依据社会福祉法（SGB）进行。认定内容包括护理的必要性、护理等级、康复训练的必要性、使用辅助器具的必要性、使用轮椅及电动搬运器械的必要性等。被认定适用护理保险后，还要定期再次认定，再次认定的时间长短依照年龄而不同：成年人每 5 年一次，婴幼儿每年一次，1~10 岁儿童每 1~2 年一次。

护理保险实施后的修订。德国护理保险法经历了 2008 年与 2012 年的两次修订。2008 年的修订主要是提高了保险费比率，由占收入的 1.7% 提高到 1.95%。2012 年 9 月通过的修订有较大改动，包括：①提高了各个护理级别，特别是对认知症患者的给付；增加了低于最低护理级别 1 的级别，命名为 0 级。②加大了对居家护理家庭成员的支持力度。原来规定居家护理的家庭成员 1 年可以享受 4 周替代居家护理服务或者短期机构护理服务，但这期间停止现金给付，修订后现金给付确定为原来的一半。③为了减少机构护理服务的利用，加大了对集体居住型(grouphome)护理服务(3 人以上的需护理者在普通住宅共同居住，接受专业护理员护理)的给付力度。④提高了保险费率，由原来占收入的 1.95% 提高到 2.05%。⑤考虑到今后的给付以及代际间负担的公平性，鼓励个人在公共护理保险之外追加利用民间护理保险，增加了对追加利用民间护理保险者的支持，对每月支付 10

欧元以上民间护理保险费的人，给予 5 欧元补贴。

四、德国护理支持金和护理假制度

德国议会于 2014 年 10 月通过联邦家庭部长提议的《亲属护理资助草案》，从而使所谓的"家庭护理时间"得到了法律上的确认和保障，让上班族有充足的时间和精力照顾老弱病患亲属，极大地减轻了他们的财政负担以及后顾之忧。

护理支持金。自 2015 年起，一旦出现近亲需要紧急护理的情况，就业人员可申请最多 10 天的假期照顾家人。所有职业者可以享有 10 天的短期紧急护理假，其间工资将由护理保险按照正常水平的 67% 发放。对于假期内的工资损失，护理保险公司将提供一定数量的护理支持金，作为损失工资的补偿。

护理假。如有近亲在家需要护理，人们可申请连续 6 个月的休假或改为非全职工作。如果在这段时间，护理人员的财务陷入窘境，可向德国家庭和公民社会事务局申请无息贷款。如果护理期结束后无力偿还贷款，可视情况延期偿还或免除偿还。护理假仅适用于拥有 15 名以上员工的企业。

此外，如果家人临终，人们也可申请 3 个月的假期或非全职工作陪伴家人最后一程，有的人也可申请无息贷款。

家庭护理假。如果需要长时间护理近亲，人们还可申请为期两年的非全职工作，但前提是平均每周工作时间不少于 15 小时。在此期间，如遇财务困难，也可申请无息贷款。家庭护理假仅适用于拥有 25 名以上员工的企业。

五、护理人才培养制度

为了促进养老护理的专业化发展，德国政府非常重视老龄护理人才的培养。从 20 世纪 80 年代起，德国就开设了专门的老年护理专科。到了 90 年代，老年护理专科的专业化程度更强，并源源不断地向社会输送老年护理的定向人才。值得注意的是，德国的老年护理人员不是普通的护士，而是针对老人和老年病的专业护理人员。在科研方面，德国也十分重视对老年人和老年病的科学研究，包括老年病、老年慢性病康复和老年护理医学等方面的研究。

在护理人员方面，德国有护理助理、普通的移动护理人员和专业的移动护理人员。所谓家居养老，就是这些护理人员到老人家中提供护理服务。一位老人经过护理鉴定后，专门的护理服务机构会根据他需要护理的级别决定他所需要的护理实践和护理内容，从而安排相应的护理人员。护理助理主要负责为老人洗澡、刷牙等生活起居类的工作。护理助理的工作时间表是提前安排好的，如几点几分为老人做什么事情，完成对一位老人的照顾后，接下来几点几分去另一位老人家里接着完成哪些事情。

专业的护理人员则需要通过国家认证，提供一些更多与辅助治疗相关的服务，比如量血压、打针、给药等。他们也是每天在固定的时间段到固定的地方服务，每人的工作内容和工作量都是专门护理服务机构安排好的。

"储存时间"政策。为了解决老年护理人员短缺问题，德国政府实施了"储存时间"制度：公民年满 18 周岁后，利用公休日或者节假日义务为老年公寓或者康复中心服务，参加看护可以累计服务时间，换取年老后自己享受他人服务的时间，在服务他人的同时，也是在服务自己。

六、德国农民养老保险

德国农民养老保险制度是根据 1957 年 7 月颁布的《农民老年救济法》建立起来的，该法从同年 10 月 1 日起生效。原则上，所有农民都有义务参加养老保险，经费由参加保险者缴纳和联邦政府补贴，即农民养老保险金的资金来源主要为两个部分：投保人缴纳的保险费和国家的补助金。农民得到养老金需要具备三个基本条件：第一，年龄条件，规定男女分别年满 65 岁和 60 岁；第二，缴款条件，按规定必须缴满 180 个月（即 15 年）保险费者方有资格享受标准养老金待遇；第三，附加条件，要求农民除按规定缴费外还必须在 50 岁以后就开始通过继承、出售或长期租让等方式转移他的农业企业，脱离农业劳动成为农业退休者。这一规定的目的是鼓励农民把农业交给中青年人经营。

德国农民养老保险制度在性质上属于义务性的法定有

缴年金制度，在管理上属于统一立法和监督的分散管理模式，联邦政府的主要职能是实施法律规范和宏观调控，微观运作由各州专司其职的农民养老保险机构具体负责，实行自治管理。在实际操作中，农民的年金和缴款均采用统一标准，不同收入挂钩，且保险费和养老金额都比较低。尽管如此，德国农民养老保险在指导思想上同工人和职员的养老保险是一致的，都奉行"援助自助者"的原则和"对等"的原则，较好地处理了平等与效率之间的关系。所谓"援助自助者"，用艾哈德的话来解释，即"社会安全首先必须从人们自己的勤奋中得到。……在开始时，一个人必须自己负起责任。只有当个人负责还嫌不足的时候，国家和社会才有义务插手进来"。"二战"后，德国确实是按照这一"援助自助者"的原则行事的。在德国养老金支出中，绝大部分是受益者自己先前筹集的，大约只有1/3真正来自国家的补贴，国家在这里只起辅助的、补充的作用。这说明在德国，农民养老首先而且根本上是个人的义务，然后才是国家和社会的义务。同"援助自助者"的原则相对应，德国还特别注意按"对等"的原则行事，即社会保障支出应来自特别的、专门的收费（保险费），而不应来自大众的纳税。谁先前按规定缴纳了保险费，谁日后就能领取相应的保险金，不允许多吃、白吃别人的，即每个人的"受益"与自己的"投入"是对等的，"受益"的金额取决于"投入"

是否符合规定的标准。

德国农民养老保险制度颇具特色。首先，它把农民从"公民"队伍中剥离出来，使其由抽象趋于具体。德国农民则是以农业劳动者的具体身份获取相应的权益，个人缴纳大部分养老保险费用，不足部分才由政府出资予以补助，日常管理事务由各州专门的保险机构独立运作，财政负担相对较轻。其次，它让农民回归到"劳动者"行列中，使其又从特殊走向一般。德国农民养老保险制度除了对投保人的年龄和缴款做了必要的规定外，还结合农业特点提出了农民退休的有关规定及相应措施，从而使得农民养老金的领取同雇员一样也必须以退出（或部分退出）就业活动为前提。

七、德国养老金改革

2014年5月，德国联邦议院以压倒性的票数通过了《法定养老保险改进法案》。与近20多年来德国引入的一系列紧缩性养老金改革不同，这次改革提高了部分参保者的养老金待遇水平。

改革举措中最引人注目、争议也最大的是"缴费满45年的参保者，可以提前至63到65岁退休并领取全额养老金"。45年缴费年限的计算中，抚育孩子、照料家人以及短期失业的时间都被视作缴费期。新法规循序渐进，没有"一刀切"，可以提前退休的时间是递减的：符合条件的1952年以前出生人群可在63岁退休，之后每推迟一年出生需在 63 岁的基础上延迟 2 个月。该政策惠及 1951 年 7 月至 1963 年婴儿潮期间出生的部分人群。满足提前退休条件的劳动者若有意愿，可选择继续工作。改革增加的养老金支出通过法定养老保险缴费（可持续发展储备金，也即养老保险滚存结余）支付。全德国符合该政策规定的人数和相关支出比"母亲养老金"政策少，但仍引发了较大的争议。

此前，德国在 2007 年的养老保险改革法案中，决定将法定退休年龄从 2012 年起至 2029 年逐步由 65 岁延迟至 67 岁。此举被视为德国应对人均预期寿命延长、人口老龄化、劳动力短缺的重要且必然举措。推进延迟退休改革不易，经历了反复博弈和妥协最终达成一致。为了减少来自小党派和民众的阻力，也设定了很多过渡措施。这次"63 岁退休"的举措与德国近年来试图延迟退休年龄、提高劳动参与率的努力背道而驰，在德国各界、欧盟各国中引起了不安和质疑。

另一项重要改革举措是推行"母亲养老金"，针对 1992 年之前生育孩子的母亲（也包括少数父亲）提供额外养老金。此前，1992 年后生育孩子的母亲可在养老金中计入三分，作为抚养子女无法工作的补偿，而 1992 年前生育的仅计作一分。此次"母亲养老金"改革使得 1992 年前生育的在"母亲养老金"计算中总共计入两分，将惠及约 950 万母亲或父亲。由此产生的养老金支出约为每年 67 亿欧元，主要通过法定养老保险缴费支付。

第二节　德国长期照料服务体系

一、长期照料社会保险制度

德国长期照料服务体系的核心是长期照料社会保险制度，其根本目标是按照社会保险机制建立一种筹集长期照料服务费用的制度安排，具体特点是：①广覆盖。德国实行长期照料服务社会保险绑定医疗社会保险的原则。德国法律规定，凡是参加法定医疗社会保险的公民（约占全体国民的92%）必须参加法定的长期照料社会保险。②互济性。德国法律规定，长期照料社会保险投保人缴纳保险费的高低由收入的多少决定，而与投保人失能风险（年龄、健康状况等因素）无关。虽然每一投保人的保险费高低不一，但在享受长期照料社会保险待遇时有同等的权利。同时还规定，投保人的无正式工作的配偶和子女可以在未缴纳保险费的情况下，和投保人享有同等的长期照料社会服务保险待遇。这一做法具有收入再分配功能，充分体现了社会保险的互济性原则。

德国法律规定，参加私人医疗保险的公民（约占全体国民的7%）同样必须参加长期照料服务私人保险。同时还规定，私人保险公司有义务对任何参加私人医疗保险的人承保长期照料服务私人保险，不得以风险高或异常为由拒绝，并在长期照料服务待遇的给付上保持和长期照料社会保险相同。虽然私人保险公司以营利为核心，但在长期照料保险上承担了较多的社会责任。德国国家官员、法官和职业军人的长期照料保险由国家负责。这样，德国的长期照料保险可分为社会保险、私人保险（即商业保险）和政府负责三类，几乎全体公民人人享有长期照料保险服务。

二、长期照料服务机构

德国的长期照料服务机构分为居家服务和机构服务两个层次。1995 年实施的长期照料社会保险制度是德国长期照料服务体系发展的分界线。在此之前，德国的两类服务机构大约是 8 300 个，包括 4 000 个居家服务机构（即社区服务机构）和半居家服务机构以及 4 300 个长期照料服务专门机构。在此之后，两类服务机构迅速发展，目前为 20 300 个，包括 10 600 个居家服务机构以及 9 700 个长期照料服务专门机构。据德国卫生部资料，这些机构和设施的数量是足够的，不仅可以基本满足全德国失能老年人长期照料的服务需求，而且在实施长期照料社会保险制度以后，服务设施条件不断改善，服务质量逐步提高。

德国长期照料服务机构的设施投资费用一般主要由联邦各州负责，不足部分由失能人群共同承担。

德国长期照料服务机构的服务人员统一接受专业培训，

队伍建设稳定发展。1995 年，共有 39.4 万从业人员，到 2004 年，从业人员发展到 44.1 万人，其中，90% 为女性。

三、长期照料服务的内容

德国长期照料服务的内容分为四种：一是个人卫生服务，即帮助失能老年人梳头、刮胡子、刷牙、洗澡等；二是营养服务，即膳食准备和帮助失能老年人进食；三是日常活动服务，即帮助失能老年人上下床、穿衣脱衣、散步、站立、上下楼梯、出行等；四是家务服务，即帮助失能老年人购物、做饭、做清洁、洗衣等。

四、长期照料服务的费用和给付

德国长期照料服务费用主要由长期照料社会保险系统按照"现收现付制"筹集。德国法律规定，雇主和雇员对半负担长期照料服务的社会保险费，费率为雇员总收入的 1.7%。从 2004 年起，已经退休的养老金领取者负担所有的长期照料社会保险费用，费率也是 1.7%。据 2006 年的情况，德国公民月支付长期照料社会保险缴费最高额为 60.56 欧元。2005 年，全德共筹集长期照料社会保险基金 174.9 亿欧元。

德国长期照料社会保险的给付实行分级制度，即按照失能水平把长期照料服务依次分为三级：一级照料服务，即每天至少需要提供一次个人卫生和营养服务，或者需要两项以上的日常活动服务，以及每周需要几次家务服务；二级照料服务，即每天至少需要三次个人卫生、营养服务和活动服务，以及每周需要几次家务服务；三级照料服务，即提供24小时的照料和看护，以及每周需要几次家务服务。从一级到三级，照料服务的强度越来越大。

德国长期照料社会保险的给付与被保险人的收入没有关系，主要有两种给付方式：一是服务时间，一级照料服务时间为每天90分钟，其中，至少要提供45分钟的基本照料服务；二级照料服务时间为每天3个小时，其中，至少要提供2个小时的基本照料服务；三级照料服务时间为每天5个小时，其中，至少要提供4个小时的基本照料服务。二是服务津贴，即现金给付。德国法律规定，私立长期照料保险的给付只能采取现金形式。

五、德国长期照料服务的方式

德国长期照料服务方式分为居家服务和机构服务两种。

（一）居家服务

居家服务是人们居住在家接受长期照料服务。由于居家服务是大多数人的意愿，加上大力扶持居家服务可以避免人们大量入住机构，德国的长期照料社会保险致力于为居家服务创造条件，例如由相关机构为居住在家的老年人提供长期照料、短期照料和日间照料，以及提供临时替代家庭成员照料补贴等辅助措施，鼓励人们尽可能地在自己家里接受长期照料服务，颐养天年。德国的居家服务强调接受服务者的需要，既可以选择服务时间给付，即由相关机构提供的专业服务或者家庭成员提供非专业的服务，也可以选择现金给付，或者两者兼用。其他还有非全日机构照料津贴、夜间照料补贴、补充津贴、特别床位和志愿者服务以及照料专业免费培训等扶持居家服务措施。

由于居家服务的提供者大多是家庭成员特别是女性，为了促进居家服务，德国法律规定，只要家庭成员为其亲属每周提供 14 小时以上的长期照料服务，或者由于照料亲属而不能工作（或者导致每周工作时间不足 30 小时），他们的养老社会保险缴费就由长期照料社会保险支付，支付的金额取决于他们为其亲属提供长期照料服务的多寡。同时，他们也被纳入法定工伤社会保险体系。

（二）机构服务

机构服务是人们入住专门机构接受长期照料服务。如果需要入住机构，服务费用由长期照料保险支出，一级照料服务为 1 023 欧元 / 月，二级照料服务为 1 279 欧元 / 月，三级照料服务为 1 432 欧元 / 月。其中，三级最高强度长期照料（24 小时照料）服务津贴限额为 1 688 欧元。但是，一般来说，这三级照料的实际费用最高不超过 75%，因为食宿费用由入住者自己负担。

（三）补充机制

德国长期照料社会保险主要是为被保险人提供基本的照料服务保障，它基本上可以满足大多数人享有法律规定的居家服务和机构服务的费用和劳务的需要，以免人们接受社会援助。不过，如果服务费用超出了法律规定的最高限额，特别是机构服务费用，社会援助就会介入，并负担相应的不足部分，但需要在人们提出申请并通过经济收入情况调查以后才会提供，这是对长期照料社会保险的一个重要补充。

六、长期照料服务管理监督体制

德国的长期照料服务体系比较完善，由被保险人、保险人（长期照料社会保险机构）和第三方（长期照料服务机构）共同运作。被保险人负责缴费，并在需要服务时享有长期照料服务，保险人负责筹集和管理长期照料社会保险基金，根据法律和服务合同向第三方拨付基金，第三方独立运作，按照法律和服务合同为失能人群提供长期照料服务。主要管理机构是联邦卫生部、中央长期照料社会保险基金联合会和联邦长期照料服务机构联合会。

长期照料服务的资格准入制度。德国法律规定，需要长期照料服务的人提出申请以后，由法定医疗社会保险委员会指定的医生和护士等专业人士入户确定所需要提供长期照料服务的级别，以及需要提供服务的场所，即居家享受服务还是入住机构享受服务。一般来说，优先考虑居家服务。德国法律还规定，至少需要 6 个月以上服务的老年人才能享受长期照料服务。

长期照料社会保险基金的管理。长期照料社会保险基金和医疗社会保险基金关系紧密，但在法律上两者是各自独立的，实行各自"自我管理"的原则，是两个不同的管理实体，同样接受国家的监督。

长期照料服务机构的管理。德国法律规定，长期照料服务机构在获得资格认证，并和长期照料社会保险机构签订服务合同以后，就成为长期照料服务运作的第三方。长期照料服务机构作为第三方，其运作一是按照法律规定操作，接受法律的监督；二是按照与长期照料社会保险机构签订的服务合同具体运作，并接受其监督；三是接受被保险人及其亲属的监督。

长期照料服务机构和长期照料社会保险机构是长期照料服务的合作伙伴，在法律上是平等的。长期照料社会保险机构尊重长期照料服务机构的独立运作权力以及它们的运作理念和目标。由于长期照料社会保险机构不直接创办服务机构或提供服务，它们需要依靠第三方的合作。合作的途径就是通过长期照料服务合同介入服务及其质量监管。合作的基础就是长期照料服务报酬的谈判机制。被保险人是服务对象，他们有权选择具有资格的长期照料服务机构及其服务。

　　德国的长期照料服务机构之间是竞争关系，长期照料社会保险制度的推行引入了竞争导向，增强了服务机构之间的竞争性，形成了更加开放的长期照料服务市场，服务质量得到提高，被保险人获得了更合理的价格和更好的服务。

　　服务标准和服务质量管理。在原则上，德国的长期照料服务机构按照医疗、护理标准为失能人群提供照料、护理等综合服务，确保他们的尊严。在联邦一级，中央长期照料社会保险基金联合会和联邦长期照料服务机构联合会根据法律共同制定了长期照料服务的原则和标准，对服务质量、质量担保及措施、机构内服务质量管理制度等做出了具体的规定。联邦政府也组织专家研究制定相应的标准规范。在地方，医疗咨询服务机构及相关机构代表地方长期照料社会保险基金，承担各类服务机构的质量监督工作。

第三节　德国主要养老模式及标准

一、居家养老护理型

老年人依旧居住在自己原有的居所内，依托周边的养老机构，进行居家养老，养老机构提供上门护理服务，并提供日间护理中心和短期托老服务。例如，护理机构每天早晨派人员上门为老人进行日常护理，在洗漱完毕、吃过早点后，老人可根据需要去日间照料中心。在那儿，通常有针对老年人的活动，如朗诵、剪纸、记忆训练、下棋、打牌和做蛋糕等。回到家后的晚饭、洗漱及上床又由上门护理服务来完成。而部分老人在亲戚朋友不在的情况下（如外出旅游）或自己刚从医院回家需康复阶段，可进入短期托老所，享受为期最多两个月的短期托老服务。

二、老年住区式养老

老年住区式养老是德国近年兴起的一种居家式养老模式，以养老居家服务监护式公寓为主。老年人搬离原有老旧住所，入住最新购买或租赁的新建居家服务监护式公寓中，公寓整体采用无障碍化设计，另附加许多老人服务硬件设施，如电子信号器或电视监控器（本人要求）等，相比老旧住所更适宜老人养老，并且也提供相应的上门护理服务，老年人一旦卧床不起可直接进入邻近的养老院。这一养老模式得到德国老年人的认可。

三、养老机构型养老

在德国，进入"专业护理老人院"是老人们最普遍的一种选择。目前德国共有1.24万家养老机构（养老院），其中54%为慈善组织所办，40%为私人养老院，其余为公立养老院。由于德国可以提供完善的居家养老服务和养老住区服务，所以多数老年人都是在最后时刻入住养老机构。养老机构（养老院）与居家养老最根本的不同在于24小时的全方位服务，包含护理、日间生活和起居等，且多分布在居民密集区，少数分布在郊区及度假区内。以首都柏林为例，在柏林养老机构查询网站上随机输入一个柏林地区邮编，一般都可在5千米范围内找到50家左右的养老院。可见德国养老院之众，虽然部分养老院规模不大，只有上百张床位。

目前，德国机构养老和居家养老的人数分别占老年人人口总数的30%和70%。究竟是选择机构养老还是居家养老，取决于老人所需要的护理等级。在德国，护理等级从0级到3+分为多个级别。一般来说，所需护理等级在2级及以下的老人可以选择居家养老，而2级以上的老人则需要更专业的护理，需要到专门的护理机构养老。

值得注意的是，德国的情况与中国不同。德国的养老机构并不是国人熟悉的"养老院"。"养老院"已经是一个过时的概念了。在十多年前，德国基本上就已经不再使用这个概念了。目前，德国的养老机构主要有两种：一种是康复医院，康复医院里一般设有老年病中心；第二种是护理院，护理院里设有老年康复中心。

另外，还有异地养老，包括旅游养老、度假养老、回原居住地养老等；"以房防老"，即为了养老而购买房子，利用房租来维持自己的退休生活。不过近年来，德国兴起了一种名为"老年之家"的互助养老方式。

第四节　德国社会工作与养老服务的融合

一、德国社会工作的发展

目前德国约有 22 万名社工，其中 80% 是女性。社工的工作范围包括为家庭、儿童和青少年、老人、病人、残疾人、难民、穷人、罪犯、吸毒者等提供帮助。在德国，社会工作是一门重要且分布广泛的职业。调查显示，89% 的德国民众认为社会工作者是困难群体的求助对象。赫维希·伦普教授认为，社会工作在德国受多部法律的管辖，仅针对青少年儿童、健康、劳动保护等方面与社会工作相关的法律就有 12 部。

社会工作在德国形成了较完备的社会网络结构，覆盖政府、慈善机构、协会和商业机构等。大约有四分之一的社工在政府下属机构工作，四分之三的社工在公共和私人的服务性机构工作。最近几年，从事社会工作的私人公司不断增加。一般来说，受雇于行政部门的社工要比其他形式的社工的收入稍高，工作也较稳定。

从职业协会的角度看，德国社工的组织程度不高。德国最大的社工组织德国社工职业联盟（DBSH）大约有 8 000 名成员，不到社工总数的 4%。它代表德国社工的利益，并对重要的社会问题表态。由于成员人数不多，DBSH 对政府的影响力有限。此外，还有许多专业社工协会，专注于某些具体的社工领域，如戒毒、老年人照料等。德国社工的薪酬参照公共服务薪酬合同，属于中等收入水平。据联邦统计局的数据计算，2011 年德国社工平均个人月收入为 2 676 欧元，该收入低于其他大学学历职业平均收入，但社工的工作相对稳定。目前，社工专业找工作不难，尤其在未来几年，德国面临专业人才紧缺问题，社工需求也在增加。

德国人口老龄化趋势日益严重，维系社会福利的成本也日渐增高，政府财政支出的压力越来越大。联邦、州和地方政府由于财政状况不佳，出现了部分社会服务被取消的情况，但社会工作是得到了德国民众的认可的。目前，德国社工的市场化趋势影响了社工的职业化发展和专业化程度。大量临时和短期工作合同压低工资，影响了社工服务质量。然而，全球化、信息技术带来的对技术、语言和交流能力的要求则促使德国社工不断接受学习和培训，"终身学习"成为社工的普遍认识。

二、陪伴的中坚力量

据德国老年中心（DZA）的统计，在 70 岁以上老人中，只跟一人接触或无人接触的人数超过 20%。每月有朋友或熟人看望的老人的比例为 25%，无人看望的比例接近 10%。有许多老人的名字，没人叫得出来，也没人关心他们的健康状况。同时，越来越多的人选择不生孩子，也让正在经历孤独的老人感到更加孤独。事实上，无儿无女大大增加了孤独的风险。同样，由于年轻人的流动性越来越大，住在年迈父母附近的时间越来越少，老一辈指望孩子成为他们生活中不可或缺的一部分，将来能够照顾他们，已经做不到了。因此，老人感到孤独的风险在未来很可能会继续上升。

柏林老人之友协会目前正在努力解决这个问题。协会主任克劳斯·宝莱特克和同事组织了参观动物园、乘船游览柏林和小组讨论等活动，并且为老人配备了一对一服务的社工和志愿者。他们还提供"电话访问"服务，让老人每周至少有一次跟别人聊天的机会。

好在许多城市和住房协会已经意识到，他们必须向老人伸出援手满足他们的需求。例如，在北部的不来梅州和汉堡市，社工们会敲开独居老人的家门，问一个简单的问题：我们能为你做什么？

在汉堡，一些老人比较孤寂，经常忘了交电费，也不知道找谁求助。慕尼黑市属住房协会举行了"预防性家访"工程。社会工作者组织协助老人做家务和买菜、通报各项活动，并核实住宅户型是否已经改变以更好地满足老人的需求。

三、服务方式方法创新

德国的很多养老院和幼儿园之间经常会有交流互助活动。以前的交流模式通常是这样的：幼儿园的孩子经常去养老院，表演唱歌、跳舞之类的节目，而养老院的老人，半数可能会有点兴趣，半数也许只是在那里打盹。霍斯特提出了"代际沟通"（Generationsbrücke）的目标，希望老人和孩子能够发展起长期的互动关系。"代际沟通"机构设定了三条原则，以便孩子与老人深入、长期地互助。

第一，孩子并不是去为老人献爱心，而是跟老人一起去经历、创造和生活，他们之间并不是甲方和乙方的关系，即不是我要为你做什么，而是双方要有对等的收获。

第二，机构要求孩子们都要规律和长期地去参加活动，8~12岁的孩子在一年的期限里，去养老院的频率可能是每个月或40天一次。他们每次去都固定拜访一位老人，与他一对一地、长期地交流。

第三，事前要做好准备。在孩子和老人第一次见面之前，机构会跟孩子们介绍养老院的情况以及老人的情况，包括是否残疾，他有可能不太懂得你们的歌或者你们的手势等，这些心理准备需要做得足够充足，以免孩子们参加活动后发现，这和想象的不一样。

在这样的项目活动中，老人的表情非常有意思。很多老人之前是从来不笑的，但他们第一次见到孩子就会马上有变化。幼儿园或小学的孩子可以让老人更高兴和更有安全感。

同时，孩子的收获比老人更大。首先，对于孩子而言，他们从未如此细致地了解老人们的世界，尤其这些老人并不是他爷爷奶奶那一代，也许还要更年长一点，相当于隔了三四代。其次，由于隔代的生活经历，孩子可以近距离地接触到非常不同的人生，每个老人的生活经历都是非常有意思的。最后，孩子从未发现自己的价值如此大，自己能够做这么多事情去帮助老人，老人很开心孩子也能感觉得到。这三个方面的收获，让孩子产生了很大的积极性，来自孩子家庭的支持度也非常高。

第二章
德国职教体系和养老服务人才培养双元制内涵

　　在全球的职业教育中，德国职业教育处于领先水平，对德国的经济和社会的发展起着重要的作用。双元制职业教育是德国保持和增强经济竞争力和创新力的支柱，是德国作为经济强国的创新力和竞争力的根本保障，双元制职业教育一如既往是德国专业人才保障的支柱。"双元制"养老服务人才培养，在办学上，采取职业学院和医院共同培养学生，形成了独具一格的工读交替的教学模式。

第一节　德国职业教育的框架和体系

德国的职业教育体系是经由政府、企业、社会和个人认同的，是德国经济发展在世界立足的重要源泉，是一种综合性行为，是企业生存与发展的重要手段，也是个人生存与发展的重要保障。随着德国知识经济的发展，德国职业教育体系相应地发生了改变，职业教育的层次也由原来的初级职业教育和中级职业教育，相应分为三个不同层次，即初级职业教育、中级职业教育和高级职业教育，形成了初级、中级、高级比例结构合理，职前教育和职后教育相结合的"双元制"体系。不同级别的职业教育具有不同的培养目标，级别越高，培养的人才水平越高。初级职业教育主要培养合格的技术工人和劳动者；中级职业教育主要培养技术员、车间负责人、初中级管理人员、职业学校教师和企业训练员；高等职业教育主要培养工程师、管理人员和社会服务人员等。从层次上看，德国职业教育以中级职业教育为主，16～19岁年龄组的青年接受职业教育者超过70%，但20世纪70年代以来"双元制"职业教育逐渐向高等教育延伸，出现了采用"双元制"模式的"职业学院"及部分"专科大学"，可纳入高等职业教育范畴。德国职业教育以"双元制"为基本形式，既有学校的理论教学，也有企业的职业训练，理论与实践并重。

一、德国高中阶段的职业教育

德国的教育分为四大部分：基础教育、高等教育、职业教育和继续（成人）教育。其中，基础教育包括初级教育（幼儿园，学制 3 年）、初等教育（小学，学制 4 年或 6 年）、中等教育（中学，学制 8 年或 9 年）。初级教育和初等教育也称为第一阶段教育，中等教育也称为第二阶段教育。中等教育按照教学要求及特点又分为第一阶段和第二阶段。德国中小学教育阶段实行分类教育体制，普通教育与职业教育处于平等地位，职业学校的学生通过参加文科中学毕业考试，也可以升入高等普通教育院校，这为学生开启了接受高等教育或职业教育的两条道路。这种分类教育体系有效保障了学生按照自己的能力和特长选择就学道路。德国是一个联邦制的国家，教育体制的立法权属于各州，因此在德国，中学教育的学校形式在各个联邦州的情况并不完全一样。德国职业教育很早就进入学生的学习中，小学结束后就可以进入职业教育。学生进入中学学习无须进行统一考试，依据小学（包括定向阶段）的成绩、教师的鉴定和家长的意见，决定学生升入哪一类中学学习。不同类别的中学具有不同的教育特点，培养目标也不同，有的中学比如主体中学和实科中学就具有职业教育的特点。

中等教育第一阶段学习时间为 5 ~ 6 年，学校的类型主要包括主体中学（又称为职业预校）、实科中学、文科中学（又称为完全中学、文理中学）、综合中学。主体中学带有职业教育性质，教学以职业教育为主，强调务实和操作，大多数主体中学的学生毕业后继续接受职业教育。实科中学与主体中学相近，实科中学是顺应较高等的职业教育需求而生，同时也是德国教育体系中的典范，具有良好的教育成效。一方面，实科中学的教学内容重视德国产业发展的社会背景；另一方面，毕业的学生可获得中级文凭，并具有许多选择，学生毕业后可以升入职业技术学校或文科中学的高年级继续学习即选择继续接受全日制的高级职业技术教育，也可以接受职业训练或继续升学。实科中学以培养中等的工商业界、政府机关的实务人才为主。文科中学为德国传统的学术性中学，主要培养攻读大学的学生，有的完全文科中学毕业的学生并不急于上大学，他们根据自己的志愿接受职业培训，积累一定的实践经验后再上大学。此外，有些州设立综合高中，它是上述三种传统学校类型的组合，兼有主体中学、实科中学和文科中学的特点。通常包括 5 或 7 到 10 年级，有些综合学校也开设高中部，类似于文理中学的高中部。综合学校依据的是因材施教的原则，学生可以根据各自的能力选择较高要求的或较简单的课程，教学大纲也包括职业教育方面的课程。所有的联邦州都承认综合中学的毕业资格。近年来，综合中学以其教育组织的灵活性深受学生和家长的欢迎，成为德国学校教育体制中除文理中学的第二大支柱。综合高中以"机会平等"为创办基础，希望所有成绩较差的学生并不会只因某些科目的成绩不理想而丧失更佳的学习机会，他们可以依据个人的偏好与兴趣考量来发展，不会像社会淘汰的机制一样，因为弱势而失去更好的发展。

中等教育第二阶段学习时间为 3 年，该阶段的教育又称为高级阶段，德国高中阶段的教育大体上包括 11—13 年级，与我国的普通高中大抵相当。第 11 年级仍开设共同基础课，在大多数州，高中生仍按班级制上课，根据统一必修课和自行选修课的形式学习。从第 12 年级开始，学生正式打破固定班级制，实行学程制，按各人不同的学习进度分班上课。德国高中阶段的教育包括普通教育（各类文科中学）与职业教育（各类职业学校）两大板块（图 2-1-1）。德国高中阶段的职业教育学校有两大类（高中阶段的职业教育学校类型见图 2-1-2）：一类是就业导向的职业类学校，主要有两种：双元制的职业学校和全日制的专科学校。双元制是指采用学校职业教育和企业训练结合、理论与实践并重的一种人才培养模式，学生70% ~ 80% 的时间在企业，20% ~ 30% 的时间在职业学校。双元制职业学校的学制为 3 年，学生必须修满 180 个学分，课程按照模块进行教学，每个模块结束时需参加模块考试。每学期 12 周在职业学校学习理论，12 周在企业

文科中学	文科中学高级阶段 专业文科中学 大学预科学校
职业教育系统	职业学校 职业专科学校 职业提高学校 专科高中 专业文科中学（与职业有关的） 或职业文科中学 专科学校 其他职业教育系统如职业高级中学 技术高级中学、专科学院、职业预科学校

图 2-1-1　德国中学教育第二阶段的学校类型

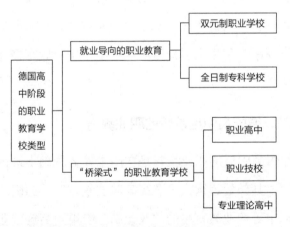

图 2-1-2　高中阶段的职业教育学校类型

实践操作，如此交替循环进行教学和培训。职业学校的学生没有寒暑假，在校期间的理论学习和在企业的实践操作压缩至六个学期完成。第一年是"职业基础教育年"，传授普遍的（跨职业领域的）以及具有一种职业领域宽度的专业理论及实践的学习内容。一般从第二年起，学校与企业轮流半天或数周，分别对学生进行教育和培训。全日制的职业专科学校实行全日制教学，学生不能在就学的同时还接受企业培训。职业专科学校的学生主要来自接受过相关职业教育的主体中学或实科中学，毕业后即就业。另一类是职业教育与大学互通桥梁式的职业学校，主要有三种：职业高中、职业技校、专业理论高中。职业高中学生主要来自初级中学，实践与理论课程各 1 年，毕业后直接升入专业高校；职业技校，学生主要来自实体中学或已接受过职业教育者，全日制理论学习，毕业后升入普通大学；专业理论高中，学生主要来自实体中学，毕业后直接升入综合大学。

二、德国高中后阶段的职业教育

德国高中后的职业教育是在高中教育基础上进行的职业教育，其外延远远大于"高等职业教育"。德国的职业学院把中等职业教育中的"双元制"引用到高等职业教育中来，在办学上，采取职业学院和企业共同培养学生的"双元制"办学模式。高中后的职业教育培养目标可以是技术员、技术工人，也可以是其他各类管理、服务或辅助人员；学制可以视岗位需要从几周、几个月到几年不等；学习结束后可授予学历证明，也可只发职业资格证书、技术等级证明、上岗证明、课程证明，或不发任何证明。由于高中后职业教育的外延较大，我们可以将一些无法归入高等职业教育范畴的一系列高层次职业教育和培训（如属于 ISCED4B 的课程）归入高中后职业教育范畴。高中后的职业教育主要是高等职业教育，德国有 421 个高等教育机构，分为三个层次：综合性大学层、高等学院层和高等应用专业学院层（见图 2-1-3）。由于高中后的职业教育外延较广，所以各类职业培训机构也列入其中。综合性大学层：综合性大学（如海德堡大学）、普通大学（Gesmthochschulen）和工业大学，这个层次的大学能授予博士学位。高等学院层：教育学院、神学院、艺术学院等，高等专科学校是更高一级的全日制职业学校，招收实科中学的毕业生。高级专科学校的毕业生可进应用科技大学深造，培养理论与实践相结合的"桥梁式的人才"，既有技术，又有过硬的理论基础，比传统的技术人员在理论上更系统专深。高等应用专业学院层：分为高等应用专业学院和行政学院。高等应用专业学院如应用科技大学，

综合性大学层	综合性大学、普通大学、工业大学　授予博士学位的高等学院
高等学院层	教育学院、神学院、艺术学院　不授予博士学位的高等学院
高等应用专业学院层	高等应用专业学院、行政学院　不授予博士学位的高等学院

图 2-1-3　德国高等学校层次结构表

是 20 世纪 60 年代德国高校扩张时期发展起来的一种具有鲜明德国特征的学校，属于高等职业教育的范畴，应用科技大学为职业实践进行科学教育，培养实际部门工作需要的人才，其专业课程组织紧贴实际工作，并缩短了平均学习时间，学生可以更快进入职场。应用科技大学研究生教育只有硕士，是本科职业教育的延伸，一般没有中等职业教育和本科阶段职业教育的那种"双元制"模式，上课地点主要在学校，企业实习伴随其中，培养专业对口、技能强的高层次科技人才。不同类型的本科毕业生都可以申请入学，但要有与申请专业相关的一段时间的实践，学习年限一般为 2 ~ 3 年。教学大纲主要由学校根据企业人才需求来制订。各类培训机构：跨企业培训中心是德国职业教育中重要的办学主体之一，它构成了企业与学校双元之外的德国职业教育的第三元。其成立背景：部分企业不具备单独完成职业教育的能力，因此多家企业就培训事宜进行合作，商会在跨企业培训中心的建立、组织和管理中起到了重要的作用。其中，手工业行会的跨企业培训中心数量最多。跨企业培训中心最重要的任务是提供学徒制职业培训或其中的部分内容，同时也承担着职业继续教育、职业指导、职业教育准备等方面的任务。

三、德国职业教育的体系结构

德国的职业教育体系在整个教育体系当中占有非常重要的地位，是学生升学、就业的主要渠道，因其为德国经济发展做出的巨大贡献而享誉世界。德国职业教育体系结构有着相对的稳定性，是由多个要素组合而成的一个综合整体，要素会随着社会、经济的发展而变化，具有动态性。同时，职业教育体系结构有着多样性、开放性、终身性和务实性的特点。开放性、终身性体现在各类职业教育与学历教育的互通和多阶段性。联邦教育部要求：职业教育、职业继续教育和职业时间要与大学学习相衔接，并纳入大学所采用的欧洲学分系统。例如，巴登符滕堡州（简称巴符州）50%的大学入学资格是通过职业教育获得的，学生一开始不具备上大学的水平，但是可以通过职业教育体系的学习后补足相关知识，然后升入大学就读，这种教育体系满足了各类不同层次的人员的需求。务实性集中体现在双元制的职业教育中，无论是学校与企业共同培养人，还是专业设置，都体现了务实性。双元制的学校的专业设置要适应经济的发展，为经济发展服务，具有灵活性和实用性。联邦德国的职业教育与个体成长教育过程有着密切的联系，职业教育体系教育阶段：从普通学校里的职业预备教育开始到中等职业教育，再经职业基础教育到职业专业教育，甚至职业继续教育，体现了由低级到高级，由一般到专门，逐步深入的过程，符合个体学习成长规律。

（一）职业教育的特征

德国的职业教育最为显著的特征为双元制职业教育制度。该制度是从 20 世纪 20 年代开始建立，50 年代后期逐步形成的。双元制职业教育模式被外界誉为德国战后经济腾飞的秘密武器，是德国职业教育的基本形式。目前，德国约有 40% 的适龄青年人上大学，那些不能或不愿上大学的年轻人绝大多数则选择接受不同形式的职业教育，其中又以双元制职业培训为主（约为 70%），接受过培训的人员是德国技术工人的主要来源。双元制职业教育由企业和学校共同完成，是以企业进行职业技能培训为主、职业学校进行专业理论和普通文化知识的教育为辅的职业教育模式。企业与受训学生首先要签订培训合同，接受其为企业的学徒工，然后安排他到职业学校学习，故而学生具有双重身份，在学校是学生，在企业是学徒工。双元制教育强调，学徒为将来的工作而学习，理论教学和实践教学的比例为 30% 和 70%，或者 20% 和 80%，理论课程以适应实践需要为主要目标，确保了培训质量和效率。为提升学生的综合技能，职业学校的理论教学采用角色扮演、项目教学、案例分析、汇报、企业参观、试验、参加研讨等方法。德国的职业学校在设置专业时，充分调研企业的需求，按企业对专业人才的要求来配置专业，从而保障了相当高的毕业生就业率，例如德国德累斯顿职业学院2012年的毕业生就业率达到了92%。专业（职业）设置紧跟产业发展，专业教学内容及标准随之调整，专业间重组乃至催生全新的教育职业。从2005年至2015年近10年中，德国双元制职业教育的教育职业从近340个减少到328个。2005年至2015年，德国新设立教育职业23个，更新151个教育职业的教育教学标准规范。德国双元制职业教育最大的优势是在真实的工业环境里培养学生的实际操作技能和工作才能。德国职业教育方式之所以难以仿制，是因为许多国家很难建立起运转有效的、以行业协会为主导的现代工业教育系统。德国职业教育法制较完善，明晰了行会作为企业教育训练的组织者和管理者的位置。企业与学徒签署训练合同，按照工作规范规则的技能、常识和才能要求，组织对学徒的训练，技艺精湛的企业训练教师专职培养学徒，学徒依法享用学徒津贴。

（二）职业教育师资的准入和制度保障

1. 职业教育师资的准入

在德国，从事职业教育的教师的标准非常严格。要想成为一个职业学校的教师，必须要经过漫长的专门的职业教师培训过程。一般一个学生在18岁高中毕业后，首先要经过3~5年的职业教育，再是5年的综合性大学学习，包括3年学士、2年硕士，学习内容包括三个专业，即：与某职业相关的专业（第一专业）、普通教育专业（第二专业，亦为公共课之一）、教育学及心理学（第三专业）。再加上 2 年的见习期学习培训，最后取得教师资格证。简单来讲，一个人要到 30 岁左右才能成为职业学校教师。如萨克森州的职业学校教师虽然没有公务员身份，但享受的是公务员待遇，直接同州政府签订合同，在人事关系上不属于所在学校。进门难、要求严、待遇高是德国高等职业教育教师队伍的主要特点。德国有严格的"双师"教师准入制度，经过严格培训与考试，合格后颁发相应的教师资格证，具有极高的权威性。职业教育的教师要求具备理论与实践的双师素质，同时还具有应用研究的能力。如高等专业学院教师的聘任一般要具备三个基本要件：理论性、实践性和应用性。①理论性，即获得博士学位，并通过高等学校教授资格考试（Habilitation）。②实践性，高等应用专业学院实践性、应用性强，时间短，课程紧，教授的科学研究成分相对较少，应用性教学占主导地位。这类高校的教授除了拥有博士学位外，任职前至少应有 5 年工作经历，其中 3 年高校以外的经历，并在运用或开发科学知识中有突出成绩。③应用性，德国高校普遍认为大学的教学必须是创造性的，不搞科研的教授是无法胜任本职工作的。为了使教学与社会实践不脱钩，高等应用专业学院和综合性大学的教授每经过几个学年的教学实践后，就可以申请一个"研究学期"（Forschungssemester）

来著书立说，到校办企业单位做应用研究或到战略合作企业单位从事实际工作，以掌握最前沿的科研动态和发现最新问题，确保知识的时代性和适应性。

2.职业教育师资的制度保障

在德国，有健全的职业教育师资队伍建设和发展的制度保障，除了联邦政府颁布的《职业教育法》这个基本法以外，联邦政府及各州政府还颁布出台了《教师培养教育法》《培训员资格条例》《青年劳动保护法》《实训教师资格条例》《职业学校教师培养框架协议》《教师培养法》《职业教育促进法》等多项职业教育师资培养培训法规，这些法律法规对教师的培养与培训有明确要求，对职业教育教师的资格准入与培养培训有严格的规定，为德国职业教育的师资队伍建设提供了健全的制度保障。

（三）职业教育的考核制度

德国的职业教育考试分为中间考试和结业考试，考核类型有书面考试和实际操作技能考试。所有职业学校的学生，都必须参加全国统一的职业资格认证考试，即 IHK 考试。IHK 考试由德国工商业联合会或手工业联合会负责开发试题、统一命题并组织实施考试，考试内容与标准按照企业对人才的实际需求制订。考试委员会的成员由企业雇主、雇员代表以及职业学校的老师组成。考试分为实践技能考试和理论考试。实践技能考试时间长达十几个小时，专业理论考试时间为 5 ~ 6 小时。考试合格后可获得 3 个证书，即学业证书、技能证书（技术工人或技术员等）和行会发放的毕业证书。学生毕业后即可寻求新工作或在原企业继续工作，或双向选择重新就业。考试如果不能通过，学生则不能从事本行业的工作，来年要再参加一次考试。德国工商业联合会代表的是企业需求，它不直接参与教学，只负责考试，从而真正实现教考分离。只有那些通过 IHK 考试并获得 IHK 职业资格证书的学生才能毕业。这种教考分离的考核方法确保了教学质量、确保了所有职业上岗证的绝对权威性，可在德国乃至欧盟通用。

（四）德国职业教育管理体制

德国各联邦州的文化教育部门拥有对本州各级各类学校包括职业学校的管理权。但对于双元制教育中的企业教育，联邦则拥有管辖权。企业职业教育的具体管理，由联邦职业教育法授权给各行业协会负责，主要包括企业职业教育办学资格的认定，实训教师资格的考核和认定，考核与证书颁发，培训合同的注册与纠纷仲裁等。

四、职业教育的经费制度

德国的职业教育经费主要来自联邦政府、州政府和企业，由公共财政和私营经济共同资助，是一个多元混合模式，对学生免收一切学杂费。联邦政府资金的主要用途是向职业学

校的学生提供贷学金、资助特别项目、建设职教设施、资助
职教研究所、提供奖学金和开展国际交流等。而职业学校的
日常经费则主要由州和县政府承担。州财政主要承担教师的
工资和养老金等，县级财政主要负责校舍建设与维修，设备
以及管理人员的费用。企业的职业教育经费完全由企业自己
负担。企业除了负担培训设施、器材等费用外，还必须支付
学徒在整个培训期间的津贴和实训教师的工资等。具体来说，
德国的职业教育经费主要有五种来源渠道，且每种来源渠道
的经费用途各有不同。这五种来源渠道分别是企业直接资助、
企业外集资资助、混合经费资助、国家资助和个人资助。企
业直接资助是双元制职业培训经费的主要渠道。

（一）德国职业教育经费来源的特点

1.经费来源的社会化

从德国职业教育培训经费的来源可以看出，德国职业
教育培训经费来源的社会化特征非常明显，表现为其经费
来源渠道广泛、形式多样。其主要有以下渠道：联邦政府
补助；州、地方政府实质性投入；法律规定其他机构的投
入；地方性资格培训机构投入；培训者自己或家庭的投入；
欧洲社会基金出资；联邦劳动局出资；捐款；税收；雇主、
雇员的失业保险金；其他收入。

2.税收使用的"非挪用原则"确保了专款专用

德国完善的教育法规制度保证了专款专用，"非挪用

原则"确保了税收中用于职业教育培训的资金百分之百地发挥作用，提高了培训效率。

3. 培训者个人直接支出较少

由于德国职业教育和培训的主体是企业，因此企业的投入是职业教育和培训经费的主要来源，相应的个人支出就比较少了。

4. 政府的大力支持

政府的投入在职业教育与培训经费的来源方面，起着举足轻重的作用，引导了企业等其他资金的投入方向，促进了教育机会的平等和社会公平，尤其是加强了对弱势群体的关注。

（二）德国职业教育经费来源形态分析

德国的职业教育经费保障体系由公共财政和私营经济共同资助，是一个多元混合模式，包括五种资助成分：企业直接资助、企业外集资资助、混合经费资助、国家资助和个人资助，这几种模式在具体职业培训中提供资金的情况又各自不同。

1. 企业直接资助

企业直接资助是双元制职业培训经费的主要渠道。企业投资建立职业培训中心，购置培训设备并负担实训教师的工资和学徒的培训津贴。采用这种模式的主要是制造业的大中型企业，如西门子公司、大众汽车公司等，以及经营服务性产业，如德意志银行、大型百货公司、大型饭店。这种企业由于对技术工人需求量大，可依靠自身的培训中心或培训部培养后备力量；小型企业如手工业企业一般没有培训中心，学徒须到跨企业的培训中心培训。所以，小型企业除支付实训教师的工资和学徒的津贴外，仍须为跨企业培训中心支付培训费用。

2.企业外集资资助

企业外集资是为了防止培训企业和非培训企业之间的不平等竞争而引入的融资形式。按照集资对象的不同，企业外集资又以多种基金形式设立，主要有中央基金形式、劳资双方基金形式和特殊基金形式等。

（1）中央基金形式

中央基金形式是由国家设立、以法律形式固定向国有和私营企业筹措经费的模式。按规定，所有国有和私营企业，无论培训和非培训企业在一定时期内都须向该基金缴纳一定数量的资金，通常按企业员工工资总额的一定百分比提取。国家根据经济发展状况确定和不断调整比例，其值一般介于 0.6% ~ 9.2%。中央基金由国家统一分配和发放，并有严格的分配制度和资金申请条件，如中央基金规定，只有培训企业和跨企业的培训中心才有资格获得培训资助。而且，不同的培训职业、不同年限的培训、经济发展水平不同的区域和不同规模的企业其所获经费资助的多少是有很大差别的。一般情况下，企业可获得其培训费用的 50% ~ 80% 的补助。如果所培训的职业前景较好，企业可获得 100% 的资助。参与培训的企业可得到这些资金，一方面可激发企业参与培训的积极性，另一方面可平衡企业间的经济负担，一定程度上避免了可能由此而引起的不平等竞争。

（2）劳资双方基金形式

劳资双方基金形式是 20 世纪 80 年代发展起来的资金筹措形式。其倡议者是代表广大雇员阶层的工会组织。劳资双方基金形式主要来源于实行劳资协定的企业。这些企业定期向基金会缴纳一定数额的资金作为培训费用。

劳资双方基金的资金主要用于企业外培训，特别是学徒培训第一学年在企业外培训中心的费用和建立企业外培训中心的投资费用。目前实行这种基金形式的有建筑、园林、石雕和烟道清扫等行业。以建筑行业为例，企业须向该基金缴纳占职工工资总额 0.5% 的资金。

3. 混合经费资助

混合经费资助建立在企业直接资助和企业外集资资助形式的基础上，由国家对企业提供税收优惠政策而构成的一种间接资助形式。简言之，培训企业用于培训或缴纳给基金会的资金在一定时候可从国家的税款中以一定比例扣出。目前，这种优惠税款有：专门扣除款、及时扣除款、固定扣除款、补偿款和社会福利优惠款等。

4. 国家资助

国家资助是政府利用国家财政资助职业教育发展的形式。在德国，国家资助主要是通过州政府、联邦劳动局和联邦职业教育研究所向各类职业学校、跨企业培训中心和职业继续教育机构提供的。

5. 个人资助

个人资助是受培训者自己出资参加职业教育培训。这种形式主要存在于职业继续教育领域。

（三）德国职业教育经费支出形态分析

德国职业教育经费主要来自联邦政府、州和地方政府以及企业，并且有相关的法律予以规定。

联邦政府资金的主要用途是向职业学校的学生提供贷学金、资助特别项目、建设职教设施、资助职教研究所、提供奖学金和开展国际交流等。

州和地方政府资金主要用于职业学校的日常经费开支。其中，州政府负责教职工的工资和养老金等人事费用，地方政府负责校舍建设与维修，设备及管理人员的费用。

德国职业教育对学生免收一切学杂费。失业者参加培训时，政府会按学时拨给补贴费。企业的职业教育经费则由企业自己负担，企业除了负担培训设施器材等费用外，还必须支付学生在整个培训期间的津贴和实训教师的工资等。学生在企业学习期间不仅全免费（包括书本费全免），而且还能获取一定的工作报酬。

为了减少政府开支，同时也为了学生能掌握更多的实践知识，国家还鼓励中小企业办职业学校，并对这些企业在税收上给予各种优惠，如企业用于教育的所有费用都计入成本，有些小企业如接受职业培训，还可向政府申请一定数额的补贴。

在双元制职业教育中，企业的职业教育费用由企业自己承担，包括建立职业培训中心、购置培训设备、支付实训教师的工资和学徒培训津贴等。法律规定了企业有参与职业培训、为学生提供学徒位置的责任；而没有培训中心的小型企业，其学徒需要到大企业的培训中心接受培训，小企业要向大企业培训中心支付培训费用。

第二节 德国养老服务人才培养双元制内涵

一、德国双元制教育模式概述

（一）德国双元制职业教育体系产生的背景

经济基础决定上层建筑，上层建筑反作用于经济基础。德国双元制职业教育体系的形成与发展，正是德国社会经济发展和科技进步的产物。双元制职业教育体系的成功是与德国的历史传统、政治体系、社会结构密切相关的，是通过四百年的职业教育实践逐步完善的。"二战"后，面对社会政治经济发展的需求，双元制职业教育作为解决社会问题的主要手段，得到德国政府的大力支持和直接资助，并因而获得前所未有的发展。同时，依靠双元制职业教育模式培养出的大批高素质技术人才，使德国在经济废墟的基础上迅速恢复重建，为德国经济的腾飞做出了巨大贡献。可以说，双元制职业教育是德国经济腾飞的秘密武器，是工业强大的基石，是德意志自立于世界民族之林的源泉。

1948 年，德国教育委员会在《对历史和现今的职业培训和职业学校教育的鉴定》中首次使用"双元制"这一名词。1969 年，德国政府又在《职业教育法》中对其做了有关规定，使其逐步制度化和法律化。此后，德国政府又在《青年劳动保护法》《职业教育促进法》《实训教师资格条例》

等职业教育法律中做了进一步的规定，使这一制度得到更好的发展和完善。

（二）德国双元制职业教育体系的特征

双元制是指在国家法律框架下，由职业学校和企业分工合作，共同完成人才培养的一种职业教育办学模式，不是指学校、企业两个学习场所。从更高的层面上讲，双元制不仅仅是一套教育模式，更是一个与其他国家有所不同的教育体制。其本质是一个庞大的教育系统，这个系统由国家相关教育法律规范，整个系统由文化部长联席会议、联邦教育和科研部、联邦经济部或各专业部、各州文化部、各州学校发展研究院、德国联邦职业教育所（BIBB）、企业、职业学校共同组成。（图2-1-4）

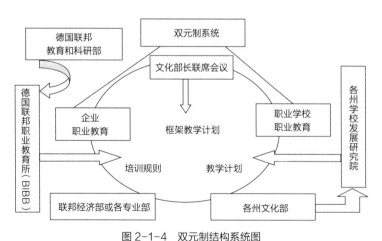

图 2-1-4 双元制结构系统图

［注：本结构图源自德国德累斯顿工业大学霍尔茨教授（Hortsch）］

德国双元制职业教育体系具有健全的法律保障、统一的人才培养方案、统一的考核制度和严格的师资准入。同时职业学校的学生要与企业签订用人合同。按照德国的职业法律规定，企业必须加入工商业联合会并缴纳会费，企业用人必须要经过职业培训。所有的"双元制"学生一般要先与企业签订培养合同，由企业选择职业学校并送学徒进去学习，学生在校期间要经过学校、跨企业培训中心、企业实习等受教育过程，待完成学校教学计划、企业培训规则规定的全部学习任务后，参加德国工商业联合会组织的 IHK 考试，合格后进入企业工作。因此，毕业的学生基本不存在就业压力，学校也没有招生和推荐就业的任务。

二、德国双元制教育的主要优势

（一）工学的紧密结合

双元制职业教育形式下的学生大部分时间在企业进行实践操作技能培训，而且所接受的是企业当前使用的设备和技术，以生产性实训的方式进行，从而减少了费用并提高了学习的针对性，这样有利于学生在培训结束后随即投入工作。

（二）企业的广泛参与

在德国，大型企业有实力建立自己的培训基地，但德国 50% 左右的企业是中小型企业，企业规模和经济承受能力有限，不可能提供大型设备和高科技设备的培训。因此，目前德国各州还建立有跨企业的培训中心，目的是拓展学生的职业技能，作为企业和学校教学、培训的补充。

（三）互通的各类教育

德国的教育体系十分完备，法制健全，保障充分。而且，德国各类教育形式之间的转换灵活是一个显著特点。在基础教育结束后的每一个阶段，学生都可以从普通学校转入职业学校。接受了双元制职业培训的学生，也可以在经过一定时间的文化课补习后进入高等院校学习。

（四）优秀的师资队伍

双元制职业教育中从事职业教育的师资和师父资格认证标准非常严格。德国职业学校理论课教师最低学历为大学本科（有的学校教师中有博士学位的占50%），而且至少有两年从事企业实际工作的经验，并经过两次国家考试合格，方可到学校任教。

三、德国养老服务人才双元制培养的特点

（一）德国养老服务人才队伍建设

1.德国养老服务现状

德国的法定退休年龄是65周岁，老年人养老主要依赖福利机构。因此，德国养老护理行业对养老护理人员的需

求数量庞大。

2. 资金政策

与日本相似，德国政府在养老护理人员培养方面的资金支持力度相当大。在对学校的资助方面，不仅公立学校能够获得教育部的资助，私立学校在满足一定的条件下，也能够获得教育部门大额度的资金补助。德国法律规定，私立的养老护理人员培训学校，在成功自主运营3年以上之后，其教师和外聘教师工资的93%，将由州政府的大众教育部门承担。在该政策的资助下，德国的养老护理培训学校长久健康地发展起来。对于社会上想要转换职业，从事养老护理的人员，由于德国法律规定，职业转换过程中的所有培训免费，再就业人员只需要向政府劳动部门提出养老护理培训的申请，就可以获得免费的职业培训。这一措施的实行，大大减少了其他行业人员向养老护理行业转换的壁垒，无形中扩大了社会潜在护理人员的队伍。

在德国，不仅政府对养老护理人员培训资助巨大，企业也积极支持养老护理员工的再培训。有调查发现，德国养老护理企业费用的80%均花费在护理人员培训方面。德国的大部分养老护理机构十分看重护理人员的护理水平，为了鼓励护理人员不断提升自己的护理技能，养老护理机构主动负担他们参与养老护理培训的所有费用，并照常支付培训期间的工资。当然，这也得益于德国的资金池模式，即德国的企业需要根据自己员工的数量，向一个公共账号缴纳一定数额的培训基金，当企业送学员培训时，可以从资金池中申请相应的补助，企业送去培训的人员越多，其补助也越多。故而，无论是德国的养老护理机构，还是其中的护理人员，都十分乐意不断接受养老护理知识技能培训。

3. 政府扶持

德国虽然不存在对养老护理职业的观念歧视，但是相较于高度发展的高端制造业的高工资，养老护理工作基本上处于中下等水平，因此并不是德国年轻人工作的首选，其养老护理人才仍面临资源不足的问题。

为了促进养老护理人员队伍的扩大，德国于1994年颁布了《护理保险法》，从根本上解决养老护理人员工资低、工作辛苦的困境。在此基础上，德国将外部引进与内部潜在人员挖掘相结合，进行了一系列政策措施的调整。德国在引进外部劳务人员方面一直有着严格，近乎苛刻的规定，非德国、欧盟成员国，以及法律规定与德国人有同等就业权利国家的成员很难进入德国从业。为了解决养老护理人员的缺口问题，德国政府修改了雇佣规定，允许欧盟以外国家的人员进入德国，从事养老护理工作，并获得专业护理资格。这项前所未有的规定，将为德国的护理人员队伍注入更多的新鲜血液。

在吸引德国内部劳动力从事养老护理工作的过程中，德国政府将重点放在了"全职妈妈"身上。在德国社区居家养老模式较为普遍的基础上，许多居家养老护理服务机构对于护理人员的工作时间要求较为灵活。护理人员不必固定地"朝九晚五"，可以自由选择 8 小时制的三班制时段，甚至可以根据雇主的作息习惯，灵活安排自己的上班时间。在这种特殊情况下，空闲时间较多又必须照顾家庭无法正常工作的全职妈妈，成为这种护理工作的最佳人选。根据德国政府的调查，目前德国养老机构与居家养老服务人员中，非全职工作人员分别占 60% 和 70%，而非全职工作人员中大部分为全职妈妈。故而，积极鼓励全职妈妈从事养老护理工作，为其提供必要的养老护理职业教育，解决其兼职服务过程中出现的问题，是德国政府挖掘内部劳动力的有效措施。

如果说护理保险为老人解决了钱的问题，那么另一个重要的问题就是"人"的问题。

在中国考察养老院，我们听到最多的抱怨就是养老护理人才难找。养老护理人才在中国的缺口预计达到 7 000 万。可见养老护理人才培养的需求是非常迫切的。那么德国又是如何解决养老护理人才的问题的呢？

我们在考察德国养老院的时候，也专门针对这个问题询问了德国专业人士。

支撑整个养老护理体系的基石之一就是德国多元化与高质量的职业培训教育。德国的护理教育依托于双元制职业教育培训模式，职业学校与用人企业有机联合，学生在学校和养老院交替接受理论学习与护理实践，并且在培训阶段就为学员提供实习津贴以支持学院独立完成专业的职业培训。

熟悉德国的朋友对德国双元制教育体系一定不陌生，双元制教育体系为德国工业培养了大批具有很高专业素养的技术工人，为德国工业屹立于世界之巅做出了很大的贡献。

德国双元制教育并不局限于工业专业领域，在护理人才培养体系中，德国也运用了双元制教育体系。我们考察了德国护理专业的职业技术学校，也考察了德国应用技术大学的护理专业。不论是职业技术学校还是应用技术大学，都采用了双元制体系。学生至少有一半时间是在养老院实习工作，而且会获得相应的报酬。德国双元制教育体系的优势已经有很多介绍了，这里就不再赘述。

这样的培训体系不仅吸引了许多德国学生，也吸引了来自欧洲其他国家甚至世界各地的年轻人到德国学习和从事养老护理工作。学生入学第一个月就可以拿到工资，随着时间的延续，工资会越来越高，而且德国对护理员工的工作签证也比较宽松，工资相对于其他欧洲国家也更高，因此，尽管德国老龄化严重，但是护理人员的缺口一直不是很大。这是和德国这种双元制教育体制分不开的。

另外，德国也鼓励年轻人去养老院实习，比如德国很多高中会组织学生去养老院实习一周，这和我们国家学生去养老院慰问是不一样的，学生必须在养老院里工作劳动，陪老人聊天，这样也让年轻人对这个工作有更多的了解，让更多有兴趣的年轻人加入到护理这个工作中来。

护理险解决了钱的问题，双元制职业教育解决了人才的问题。这样，尽管德国是老龄化最严重的国家之一，但老龄化并没有为德国带来很大的麻烦，德国经济也没有因为老龄化而陷入衰退。说到底，养老问题就是钱和人的问题，而德国很好地从这两个核心领域解决了养老问题。

借鉴德国的体系，中国是可以学到很多的。也许短期内引进护理保险并不是很现实，但是对护理人才的培养，完全可以借鉴德国的双元制教育体系。最近就有新闻说中国准备引进菲佣。其实如果我们能够更好地解决护理的教育问题，中国也是能够找到足够多的年轻人从事护理家政工作的，关键是现在市场上很少有像德国那样经过数年培训的专业护理人员，导致人才短缺，市场混乱。

如何更好地解决养老问题，解决养老的"钱"和"人"的问题，应该是我们国家现在最需要考虑的问题。虽然有很多企业也愿意投入到养老市场，但是政府在这块领域的支持也是必不可少的。借鉴德国的经验，中国应该会找到一条更符合国情的养老体系。

（二）德国养老服务人才双元制培养的课程设置和培养流程

德国养老服务双元制人才培养时间一般为三年，三个学年的培养流程中，学习范畴、部分—学习领域的安排详见第四章。

第三章

德国养老服务教学质量
评估及从业资格认证

第一节　德国养老服务教学质量评估

德国的护理教育层次清晰，主要分为高中阶段培训、继续护理教育和学位教育，不同教育层次对学生的培养方式与要求存在差异。

一、养老服务人才高中阶段培训质量评估

高中阶段培训是德国护理教育的主要形式，要求学生入学前必须完成 10 年的基础教育，其学制为 3 年，课时不少于 4 600 学时。其中，理论课 2 100 学时，实践课 2 500 学时。此阶段主要培训的是老年护士和老年护士助手。年满 16 周岁以上的身心健康者均可申请参加培训，不需要入学考试。高中护理为 3 年制，培训以培养学生独立工作能力和综合

应用能力为主，课程设置与护理助理相同，理论与实践课比例为 1:2。学生在实习过程中，需要认真完成每一次安排的测验，实习指导老师将根据其平时测验成绩和表现为其实践情况打分。培训质量主要体现在以下几个方面：

（一）重视对教学过程的评价

高中阶段课程教学评价按分钟进行观察，非常重视对教学过程的评价，主要观察学生与教师在不同时间段的可能的角色。在教学过程的评价中，看中的是教师在教学中扮演了什么角色：是教育者？还是观察者？或是评价者？同时对学生的状态也同样重视，主要观察学生学习的态度是被动的，还是主动的？注重学生对课程的贡献度及团队精神的培养等。在这种过程评价中，教师和学生发挥的作用不再是单一的，而是努力做到将教育学和心理学的认知规律运用到改善课堂质量上，形成的合作式学习方法也充分发挥了老师和学生的主观能动性，提高了参与程度。

（二）重视对学生关键能力培养的评价

养老护理人才高中阶段培养的评价标准表述清楚，易于理解，可以为我们提供一个借鉴的范本。例如：在目标方向中的评价标准是要求教学项目所涉及的知识和技能在教学计划所要求的范围内；项目所涉及的内容是学生熟悉的，且通过学习和努力探索是可能完成的，并考虑项目能否激励学生的学习自觉性，能否让学生感兴趣。因此在完成项目的同时，有利于对学生进行情感、态度和价值观的教育，评价标准通俗易懂，方便操作。

（三）强调以学生为中心

在一级指标激发积极性中强调的就是以学生为中心的教学理念，评价关注的是学生学习主体作用的发挥。因此，学生的学习积极性至关重要。此阶段在评价指标中要求教师要重视参与者的原有知识和经验，保证参与者要能够明确项目任务的目的和意义，并关注所有参与者，而且教师展示的目标和内容需使学生感兴趣等，以使教师的任务设计对后期的护理实践具有可操作性和可实现性。

（四）基于行动导向的学习

养老护理人才高中阶段的培养普遍采用行动导向教学法。行动导向教学是指从学生完成某一特定任务着手。通过引导学生完成任务，进而实现教学目的。学生通过主动和全面的学习来达到脑力劳动与体力劳动的统一。行动导向的学习对学生的影响是多方面的：学生不仅了解了相关知识，还培养了不同的能力，主要是专业能力、社会能力和个人能力。因此，在此部分评价的重点主要是学生和参与者有没有掌握专业能力、社会能力和个人能力，是否培养了独立工作能力，是否培养了参与者团队协作和成果展示的能力等。

（五）教师主导教学环节

教师以什么样的心态看待他的学生，反映出的就是教师的教学态度。有什么样的教学态度，就会有什么样的教学效果。合格的教师往往善于运用积极的态度影响学生，避免消极情绪；善于赞扬鼓励学生，避免打击和过度批评。

（六）保障学生学习成效

客观、科学的教学质量评价体系是提高教学质量的重要手段，但课程良好的项目设计、单元设计是教学质量保障的基础。选定的项目是否具有职业岗位实际应用背景，并能承载起教学内容，实现知识—理论—实践一体化，项目是否符合职业岗位能力培养的需要，能力目标是否明确等，都是影响教学质量的关键因素。因此，设计项目或任务具有重要实践意义。

这样的培训体系的优势：一是大大降低了学生学习的成本。学生一旦入学就可以实习，就可以有工资，学习不仅免费而且还有工资拿，这对于经济条件不大好的学生来说，是很有吸引力的。二是为养老院提供了实习人才和储备人才。学生在实习期间可以作为帮手，而经过3年的学习和实践，这些学生也非常熟练地掌握了养老的护理技能，等到毕业后正式上岗，就可以很好地为公司服务了。对于年轻人来说，从事护理专业学习，成本低，工作有保障，是一个很好的选择。因而不仅吸引了德国许多学生，也吸引了来自欧洲其他国家甚至世界各地的年轻人到德国学习和从事养老护理工作。

二、养老护理人员继续教育培训质量评估

主要为临床培养专科护士的继续护理教育，由于其资格由地方政府确认，故而在培训要求方面不同地区存在一定差异，主要分为脱产与在职两种方式。其学时要求较短，为 3 000 课时，其中理论课 2 200 课时，实践课 800 课时。此阶段主要培养临床专科护士，其护理教育为老年护理的继续教育，对从事老年护理 2 ~ 3 年的从业人员或临床护理转岗到护士的人员进行培训学习。大量养老护理人员培训机构的建立以及培训课程的开设，满足了众多想要学习养老护理知识的人员的需求，也方便了很多中小型养老机构养老护理人员的继续教育。同时，许多实力雄厚的大型养老企业，甚至开设了自己的培训学校，不仅培训自己的员工，也接收社会成员进来学习。养老护理人员继续教育的培训质量主要体现在以下几个方面：

（一）逆向式制订教学计划

在教学计划的制订、实施过程中，始终严守《护理保险法》对养老护理人员的规范要求，坚持以满足养老护理产业对人才的需求为基点，以职业岗位（群）剖析为起点，以职业岗位（岗位群）所需知识、能力、素质分析为重心，

本着"以能力为本位，以素质为核心"的原则，逆向性地开发设计核心课程及其支撑的专业技术基础课、文化基础课和人文素质课，形成了以就业为导向，以培养学生技术应用能力为主线，以职业素质和应职岗位（群）能力培养为目标的人才培养模式。

（二）以职业岗位能力培养为主线

养老护理人员的继续教育以职业岗位能力培养为主线构建教学内容和课程体系，淡化系统性，突出应用性，重点抓整合，以"必需、够用"为度，以满足专业课教学和学生岗位能力培养的需要为前提。专业课以培养学生职业岗位能力为出发点，重点抓整合，体现综合化、模块化。

（三）根据培养目标要求，强化职业能力训练

建立了与理论教学体系相辅相成的、以职业能力培养为核心的实践教学体系，始终坚持理论教学与实践教学相结合的原则，不断加强实习、实训和综合实践等实践性教学环节，逐步构建了与理论教学体系相辅相成、以突出职业能力培养为核心、针对性较强的实践教学体系。

三、养老服务学位教育教学质量评估

培养高水平护理人才的学位教育，根据是否为大学水平进一步细分为 4 年制全脱产大学学位教育和 2 年制全脱

产非大学水平学位教育。大学护理教育开设护理科学、护理教育学、护理管理学等专业，护理人员在取得资格后，每年仍需参加一定学时的进修才能持续上岗服务。养老服务学位教育的教学质量主要体现在以下几个方面：

（一）严格教学管理，建立教学质量监控体系

学位教育教学切实加强管理队伍建设、教学规章制度建设，严格各主要环节的质量标准，加强教学质量监控，逐步使教学管理规范化、科学化、制度化，为提高人才培养质量提供了有力的保障。同时注重管理队伍建设，教学管理和学生管理机构设置健全，结构合理，人员素质高，职责明确，运转规范有序。在就业服务与指导工作方面配备专职人员，机构健全，管理完善，校内外结合，运转有效。

（二）明确主要教学环节的质量标准，建立教学质量保证体系

德国《护理保险法》规定医院要设立护理院长或护理部主任，只有接受过护理高等教育和管理专业训练的人才有资格担任。护理人员除护理院长（主任）外，还有护士长、高级护士、注册护士、助理护士4个级别。注册护士以上资格的护理人员才能直接护理患者，助理护士只能为护士或医师做一些准备和协助配合工作。同时，《护理保险法》针对3类护理患者的护理时间及护患比都提出了具体规定。如规定2、3类患者的护患比为1:4，1类患者的护患比为

1:2.5(或3)的高要求都明确了各主要教学环节的质量标准，并通过课堂教学和实践环节具体执行实施，合理的评价指标也起到了考核和督导的积极作用。

（三）建立教学质量监控体系

通过学生、教师、社会等评价主体对教学质量进行多方面监督，建立了多元化的、内外结合的教学质量监控体系。内部质量监控是由学位教育各层次的质量保证活动所组成的网络。在确定主要环节的质量标准后，在严格执行的基础上，建立了相对独立的、完善的教学质量保证与监控体系，如教师教学质量评价考核、不同层面的教学检查、学生评教等。多元化的教学评价机制离不开社会评价，因此，外部质量监控主要由社会、行业组成。毕业生跟踪调查、用人单位反馈、社会需求调查等都是为了更准确、更客观、更全面地收集社会对学院教学质量评价的意见和建议，以便于教育过程中根据学生的特点和不同的学习基础，及时调整教学计划和相关教学内容，做到因材施教，真正提高人才培养水平。通过内外结合的教学质量监控，养老服务人才培养全过程得到了有效的监督，为提高教育教学质量提供了有力的保证。

（四）重视就业，认真做好指导与服务工作

养老服务学位教育高度重视毕业生就业工作，不断强

化学生服务意识，提高技术技能人才培养质量，增强社会服务能力并积极为养老护理从业人员提供了法律保障知识的普及。组织学生认真学习《护理保险法》，据保险公司估算，这个法规增加了两万个护士岗位，也为护士建立自己的家庭护理机构铺平了道路。该法颁布前，德国护理行业并不吸引人，这与养老护理人员的工资低和工作辛苦有很大关系，但是该法实施后对德国的养老护理事业产生了重大影响。首先，《护理保险法》保证了护理费的来源，提高了护理人员的收入；同时，由于护士人数的增加，减轻了护理人员的工作量，护理人员对工作的满意度也随之上升。德国护理保险的广覆盖性（法定护理保险覆盖92％的人口，同样义务性的私人护理保险覆盖人口约占7％）也客观上要求有一支庞大的护理队伍为之服务。目前，德国护理行业从业人数高达100多万人，雇员人数超过德国汽车工业雇佣人数（70万人）的总和。从目前的业人员来看，养老机构服务人员基本上统一接受专业培训，队伍建设稳定发展。

综上所述，多层次、多样化的养老护理人员培养方式，不仅能够为德国社会持续稳定地培养大批具有多元化专业知识的、理论与实践相结合的专业人才，也能不断鼓励挖掘出德国社会存在的潜在护理人员，壮大养老护理人员的队伍。

我们也不难看出，德国的养老护理人员不仅需要有扎实的养老护理知识和技能，还需要具备很强的责任感和独立性，能够独立自主地解决各种突发事件。同时，德国的养老服务也十分注重人文关怀，要求护理人员在护理过程中，必须充分尊重老人的个人意识，主动关心老人的心理诉求，做到以人为本。这些较为完善的培养模式值得借鉴和学习。

第二节 德国养老服务行业人员从业资格认证

一、德国养老服务行业从业人员现状

在老年护理行业，专业人才及专家的应聘机会有时是最高的。普遍存在且有时由人口变化造成的专业人才及专家紧缺的问题早在几年前便已迫在眉睫。而这一行业的失业率仅为 0.8%，每 36 个失业者面前有 100 个空缺职位，这也是为什么职位空缺的时间可以长达 162 天。

德国最紧缺的 12 种职业	
1	助听器声学人才
2	老年护理人才
3	理疗医师
4	医患护理人才
5	驾驶教练
6	管道、卫生、供暖及空调技术人员
7	能源工程
8	机电一体化和自动化专业人才
9	电气工程师
10	矫形及康复技术人才

根据社会发展需要及制度基础，目前，德国已形成了多元化的养老护理行业和从业人员体系。

一是从养老护理机构来看，已形成了多元化机构并存的发展格局。2013 年底，德国养老机构总数为 25 775 所，

其中养老护理机构 13 030 所，约占养老机构总数的 50%。在养老护理机构中，私立 5 349 所，约占 41%；教会及慈善机构 7 063 所，约占 54%；国立 618 所，约占 4.7%。目前，德国从事居家上门的服务机构有 12 746 所，其中，私立 8 140 所，约占 63.8%；教会及慈善机构 4 422 所，约占 34.7%；国立 184 所，约占 1.4%。德国的社会制度及高度市场化的公共服务使得其养老护理机构以私人与社会机构为主。

二是从从业人员来看，养老机构服务人员要统一接受专业培训，队伍建设稳定发展。截止到 2016 年，德国护理相关从业人员的市场需要量非常大，存在一定的缺口，从各行业各渠道进入养老护理的人员，都能接受非常专业的培训和实践，能够快速地胜任养老护理的一线工作。

三是从养老方式来看，已形成了以居家养老为主，机构养老与居家养老上门服务为辅的三位一体模式。2013 年，德国共有 263 万人接受护理。其中，家属亲友居家养老约占 45%，机构养老约占 30%，职业护理机构居家养老上门服务约占 25%。

二、德国养老服务行业从业人员培训与资格认定

德国的老年护理教育分为 3 个层次：中专、专科培训和大学本科，其教育的主体是中专职业培训教育，主要培训老年护士和老年护士助手。16 周岁以上，身心健康者均

可申请参加培训，不需要入学考试。其中，老年护士助手教育需经过一年半的培训，理论与实践交互进行，学时各半，其课程设置包括：人文政治、社会—心理、医药及护理、工作方法及管理，突出社会性、实践性和服务意识。老年护士教育具体分为中专、专科培训（继续护理教育）、大学本科护理教育 3 个层次。 中专护理为 3 年制，培训以培养学生独立工作能力和综合应用能力为主，课程设置与护理助理相同，理论与实践课比例为 1:2；专科护理教育主要培养临床专科护士，其护理教育为老年护理的继续教育，对从事老年护理 2~3 年的从业人员或临床护理转岗到护士的人员进行的培训；大学护理教育开设护理科学、护理教育学、护理管理学等专业，全脱产 2~4 年。护理人员在取得资格后，每年仍需参加一定学时的进修才能持续上岗服务。

高中阶段培训是德国护理教育的主要形式，要求学生入学前必须完成 10 年的基础教育，其学制为 3 年，课时不少于 4 600 学时。其中，理论课 2 100 学时，实践课 2 500 学时。而主要为临床培养专科护士的继续护理教育，由于其资格由地方政府确认，故而在培训要求方面不同地区存在一定差异，主要分为脱产与在职两种方式，其学时要求较短，为 3 000 课时，其中理论课 2 200 课时，实践课 800 课时。培养高水平护理人才的学位教育，根据是否为大学水平进一步细分为 4 年制全脱产大学学位教育和 2 年制全脱产非大学水平学位教育。

　　德国对养老护理人员的培养，同样也采取理论与实践相结合的模式，实行学校理论课程与养老院实践课程相结合的双元制。学生在学习心理调适、法律知识、医学专业知识、老年人居室设计等理论知识的同时，还需要在护理机构采用学徒制的形式进行实习实践，每一位学生至少有一位资深的护理人员进行指导。学生在实习过程中，需要认真完成每一次安排的测验，实习指导老师根据其平时测验成绩和表现为其实践情况打分。相较于日本的护理培训，德国的培养要求更加严苛，对于参加护理资格考试的人员，如果某一项考试不及格，允许有第二次补考机会，若仍不及格，将被取消继续学习的机会，不允许再学护理。通过考试者由学校颁发欧盟承认的毕业证书和护士职业许可证。

　　除传统的学校教育模式以外，德国的职业教育在养老护理人员培养方面也投入了相当大的精力。大量养老护理人员培训机构的建立以及培训课程的开设，满足了众多想要学习养老护理知识的人员的需求，也方便了很多中小型养老机构养老护理人员的培训提升。同时，许多实力雄厚的大型养老企业，甚至开设了自己的培训学校，不仅培训自己的员工，也接收社会成员进来学习。

　　多样化的养老护理人员培养方式，不仅能够为德国社会持续稳定地培养大批具有多元化专业知识的理论与实践相结合的专业人才，也能不断鼓励挖掘出德国社会存在的潜在护理人员，壮大养老护理人员的队伍。

三、德国养老服务行业从业人员的工作内容

我们通过德国养老一线工作人员一天的工作流程来了解其工作内容。

记德国养老护士的一天——亨丽埃特（Henriette）和迈克（Maik）：

我们跟随观察访问了养老护士亨丽埃特和迈克在护理院的日常工作，包括从叫醒老人到协助老人穿衣再到下午换班。养老护理每天的工作基本相同，现在给大家介绍一下养老护士的日常工作和培训。

迈克　　　　　亨丽埃特

6: 30 开始

当人们刚刚睡醒的时候，迈克便开始了一天的工作。换班的时候，迈克会知道晚班是否会有重要工作。他当天接下来的工作是单独完成老人的护理。

7：02 测血糖

糖尿病患者需要每天测量血糖。如何进行呢？血液的采集可以在手指上或者耳垂上。首先要对细针进行消毒，然后刺入皮肤。通常第一滴血是不被采用的，从第二滴血开始测量。医务人员会告知血糖是高还是低，苹果汁和葡萄糖可以在第一时间缓解低血糖症状。

7：30 早餐时间

如果老人们都做好准备了，就可以开始早餐了。对护理人员来说，早餐时间是个很好的与老人们交流的时机，营养配餐是由护士们制作的。

9: 14 洗浴

　　洗浴不仅仅是身体护理，更是放松。老人们在洗浴的时候，也可以听音乐。升降机可以很好地协助护理人员帮助那些不能自由移动的老人洗浴。如何进行？实习主管莉迪娅·埃哈特（Lydia Erhardt）向我们进行了展示，迈克从中学到"决定性的因素就是正确技术的使用"。通过这种方式，弱小的人可以抬起很重的人。

10:23 预防摔倒方案

"最好的是，老人能够自主移动，"亨丽埃特讲道。通过关节的活动可以自主移动。预防摔倒就是对早期可能摔倒的风险提出预估，从而进一步解决这个问题。年龄越大，治疗恢复的时间越长，定期的平衡和力量训练有助于保持一个好的状态。扶手可以提供额外的支持，比如在浴室和长长的走廊。多尔曼（Dohrmann）先生和实习主管坦贾·布鲁克曼（Tanja Bruchmann）、亨丽埃特通过预防摔倒方案获得了更多的自身安全保障。

11:36 正确的用药——药品管理

药品可以帮助治疗疾病或减轻病痛。老人们会在不同的时间获得个人的药品。在护理记录里，医生会写明每种药品的剂量、服用时间。养老护士会给老人准备药品，老人们只会拿到适量用来治疗的药品。

13：00 工作会谈

有新的老人吗？以前有什么病史？老人的血糖高于平常，原因是什么？在养老护理行业，大家在一个专业团队里工作，包括养老护士、医生以及来自心理治疗、养老护理和内务的同事。在团队会谈当中会定期交换意见，重要的是要对老人有一个好的护理。

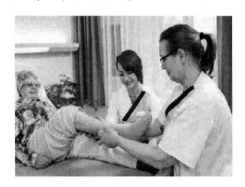

13: 52 清理伤口

在清理伤口记录里，亨丽埃特总结了伤口的治疗过程。每个细微的变化都被详细地记录下来。通过资格认证的养老护士向多林（Döring）女士介绍了治疗过程并且询问了她的感觉。在绑绷带时，亨丽埃特注意到，绑的过程中不要折叠，要保持一个好的血液循环。但这样有利于受压点，不利于治疗。

14:07 制作履历

制作履历是养老护理工作中的一个重要部分，从中人们可以了解很多关于老人的个人生活情况。这样能帮助养老护士更好地理解老人的爱好和行为。这些履历可以帮助老年痴呆症患者重新唤醒记忆和恢复能力。在新的老人搬入之前，他们首先会和老人的家属约谈。家属们会参观房间，向养老护士解释老人的病史和生活习惯。老人适应新的环境的时间长短不同。

15: 00 工作结束

下午 3 点是换班时间。亨丽埃特会复查所有的工作是否都已完成，她会告知接班的同事老人当天的情况，如有什么重要工作、当天发生了什么。然后，她就可以换下工作服下班了。

四、德国养老服务行业从业人员资格认定的社会支持

德国养老护理服务的法制化可以追溯到 20 世纪 70 年代。1974 年，德国老年救助委员会发出一份鉴定书。该鉴定书从那些生活在养老院无生活自理能力的老年人的经济状况出发，对老年保险系统要确定老年人从业时经济地位与社会地位的规定提出质疑。于是，如何立法保障生活困难的老年人以及他们的家属，成为德国政治生活中的一个重要话题。1980 年，联邦政府委托成立的专门小组在认真考察各种不同建议的基础上，提出将护理需求作为应对新

的生活风险的办法纳入国民社会保障体系的立法目标。在此背景下，1985年《护士执业法》得以出台。该法对护理的任务、职业标准、教育训练、护士的职业资格和权利、义务等方面都做了具体规定。在此基础上，1994年德国颁布了《护理保险法》，1995年1月1日起正式实施。目前，《护士执业法》和《护理保险法》是德国护理事业的奠基石。特别是《护理保险法》实施后，对德国的养老护理事业产生了重大影响：

一是为养老护理从业人员提供了法律保障。《护理保险法》实施前，养老护理人员工资低、工作辛苦，绝大多数从业者不愿意进入这个行业。《护理保险法》的实施，不仅有效保证了护理费的来源，提高了护理人员的收入，同时，由于从事护理工作的人数增加，单个护理工作人员的工作量减少，护理人员在工作岗位的舒适度和愉悦度也得到加强，职业幸福感明显提升。

根据德国保险公司评估，《护理保险法》实施后，全德多了近三万个护理岗位的工作，同时护士的职业道路也拓宽了。由于德国护理保险的覆盖面非常广，需覆盖绝大部分的人口，与之配套的护理工作人员队伍也相应地非常庞大。据统计，截止到2017年底，德国护理行业从业人数高达100多万，是德国就业人数最多的领域之一。

二是对护理职业提出了更高的要求，促进护理人员管理水平不断提高。目前德国的医院在护理管理方面要求日益严格，《护理保险法》规定德国境内医院需要设立护理院长或护理部主任，该职位的担任者必须是接受过护理高等教育和管理专业训练的人，要求非常高，目的是保证护理质量。护理院长下，还有包括护士长、高级护士、注册护士、助理护士4个岗位，划分较细致。直接护理患者的护理工作人员要求必须是注册护士及以上资格人员，没有达到这个级别的护理工作人员只能从事护理工作中的准备和协助配合等事务。

三是对护理管理的监控系统提出了要求。护理的管理人员需要提升自己的信息化管理方面的水平，提升远程监控能力，如护理院长或主任通常会通过各病区终端与主机联网的形式，定时查阅护理信息；同时通过远程系统，查看科室护理工作人员的工作状态和情况；还能查看不同病区的护理服务需求，按需进行护理人员的调配。

第四章
德国养老服务课程体系及课程标准设计

第一节　德国养老服务课程体系

　　课程门类排列顺序决定了学生通过学习将获得怎样的知识结构。课程体系是育人活动的指导思想，是培养目标的具体化，是实施性教学计划的最重要的组成部分。同一专业不同课程门类按照门类顺序排列，是教学内容和进程的总和。把各种课程类型及具体科目进行组织、搭配，形成一种具有逻辑关系的、具有恰当比例的、有机的、完整的统一体，是学生本阶段教育的纲领性文档，是具体教学实施的依据。本章节通过介绍德国老年护理理论和实践课程体系，详细阐述德国老年护理专业是如何形成以工作过程、岗位需求为导向，以技能实践应用为目标，涵盖医疗、护理、康复、心理、法律、质管等跨学科的综合性课程体系的。

"双元制"最主要的特征是学校和机构双主体办学。在德国，老年护理职业教育严格遵循"双元制"的办学模式。德国于2003年通过的《国家老年护士法》指出：老年护理人员需通过国家资格认证，该法规定老年护理培训的内容。德国老年护理的层次，由高到低分为：老年护士、老年护理助手、社会护理员，他们都是采用"双元制"培养的老年护理人才。老年护士需掌握扎实的理论知识和熟练的技能；老年护理助手更注重培养实践能力。德国《长期护理强化法》规定从事老年失智者照护的人员，还需培养相关专业的知识和实践能力。"双元制"指导下的德国老年护理职业教育教学分为学校理论学习和机构实践实习两个部分，两部分相互穿插，紧密结合。

一、德国养老服务理论教学体系

德国老年护理理论课程体系主要由公共课和专业理论课两方面的内容组成。

（一）公共课

200学时，占理论课学时的9.5%。主要内容包括：

（1）语言。目前德国老年护理人才紧缺，德国政府大力从国外引进老年护理人才。语言课程的设置以实用为主，以期让学生在最短时间内通过 B2 德语考试，能够满足工作的基本语言需求。

（2）政治。政治体制是工匠精神的根本，老年护理的政策法规是学生学习的重点。

（3）宗教。德国常见的宗教信仰，特别是其中有可能涉及纠纷的部分。

（二）专业课

德国老年护理培训的学习领域大纲是职业教育教学方案，即国内所称的课程设置。在学习领域大纲中，课程不再按照传统的专业学科组织，而是按学习领域进行规划，从而产生跨专业的、以实践行为导向的学习计划。联邦政府规定了老年护理教育的专业课内容的以下四大学习领域的范畴。

1.学习领域一

老年护理的任务和知识技能，合计 1 200 学时，占理论课学时的 57%。这个学习领域关注的重点是老年护理中直接的护理行为，但又不局限于替代性的护理行为，还包括有帮助的、建议性的措施。因此要考虑到有利于促进健康的、预防性的、治疗的、恢复参与社会生活的和镇痛的护理工作。除了护理人员和被护理者之间的互动外，护理人员要考虑与其他护理相关人员的互动，职业内部的和跨职业间的互动。同时可以发现，护理职业行为理解起来较为复杂，以理论与案例为形式的基础知识是专业护理行为的基础。学习领域一包括下面 5 个子学习领域。

学习领域	描述	学时
1.1	老年护理实践的理论基础	80
1.2	老年护理的规划、执行、记录和评估	120
1.3	根据老人个人情况所决定的护理	720
1.4	人际交流	80
1.5	参与医疗诊断和治疗过程	200
		1200

1.1 老年护理实践的理论基础：

学习领域	描述	学时
1.1.1	老年护理行为的老年病学、社会学、社会医学基础	30
1.1.2	老年护理行为的护理学基础知识	30
1.1.3	老年护理行为的道德基础	20

　　如年龄、健康状况、疾病康复预防、护理需求、老年护理方案、模式、护理理论的学习。专业护理行为是以科学性的知识为支撑，因此跨学科的知识具有重要的意义。除了护理学、老年医学、社会学和社会医学基础知识外，还需要学习道德和人类学基础知识。掌握这一子学习领域的意图并不是在老年人护理行为中直接运用这些知识，而是阐述理论和制订方案对实施老年人护理行为的意义。

1.2 老年护理的规划、执行、记录和评估：

学习领域	描述	学时
1.2.1	感知和观察护理过程中的现象	40
1.2.2	根据护理过程来安排护理行为	50
1.2.3	记录护理行为	30

如观察老年人，拟订护理诊断和护理计划，实施护理操作，及时评估和记录。在这一子学习领域中，护理行为将被看成一个复杂的、阶段性的、有目的的、有计划的事件。同样要考虑到护理过程的前提，影响安排护理过程的因素，问题解决过程的每一个阶段，护理过程的记录要求。

1.3 根据老人个人情况所制订的护理：

学习领域	描述	学时
1.3.1	对自理老人的帮助	80
1.3.2	对感知功能障碍老人的护理	40
1.3.3	对急性病、非传染病型老人的护理	80
1.3.4	对心理和精神疾病老人的护理	60
1.3.5	对慢性病老人的护理	80
1.3.6	对传染病老人的护理	60
1.3.7	对中枢神经系统类疾病老人的护理	70
1.3.8	对痴呆老人的护理	50
1.3.9	对急性 / 慢性疼痛病老人的陪伴	40
1.3.10	对病重老人的护理和陪伴	40

续表

学习领域	描述	学时
1.3.11	对临终老人的护理和陪伴	40
1.3.12	对失智老人的陪伴	40
1.3.13	保障入院，转移和出院时护理措施的持续性	40

该部分所占课时最多，需学习人体结构、生理学、老年医学、老年精神医学、心理学、卫生学、营养学、免疫系统疾病、老年慢性病等相关知识。教学内容打破了学科边界，以案例教学为导向，在某个实际案例中讲授该案例所涉及的组织器官解剖位置、组织结构、病理变化、临床表现、用药指导、护理、健康教育等。这种教学方式更符合学生的认知规律，便于理论知识的实际运用。这一子学习领域论述了不同的护理情况，这对老人护理行为是有意义的。除了护理动机外，护理行为参与者对过程的经历和处理也扮演着重要角色。

1.4 人际交流：

学习领域	描述	学时
1.4.1	老年护理中的交流和谈话技巧	30
1.4.2	不同类型老年人的引导和咨询	50

学习交流与谈话技巧，以及如何向老年人提供咨询和指导等。这个子学习领域介绍了护理人员对不同类型老人的帮助—疏导任务。这包括对老人及其亲属的建议，支持

和心理疏导任务，给护理相关职业的非专业的护理人员提供帮助。

1.5 参与医疗诊断和治疗过程：

学习领域	描述	学时
1.5.1	老年护理中的诊断和治疗措施的基本条件	30
1.5.2	跨学科的合作	20
1.5.3	药物配置的确保	30
1.5.4	注射、输血、输液	40
1.5.5	伤口的专业处理	30
1.5.6	执行导尿	20
1.5.7	对老人进行诊断和治疗时的陪伴和支持	30

护士和医生的配合是工作的主要内容之一，所以护理教育者应特别加强对护士医助技能的培养，如执行医生处方，掌握法律基础知识，与医生的合作，跨专业合作，参与治疗团队，参与制订康复治疗方案等。这个子学习领域是介绍以医学护理为重点的老年人护理行为。鉴于老年时期出现的身体的和心理的变化和疾病，诊断和治疗的进行十分常见，由此也产生了护理任务。一方面，护理人员要有关于诊断和治疗结果的相应背景知识，以便能告知病人相应信息和建议；另一方面，要有能力完成直接的助手任务和实施医生安排的措施。

2.学习领域二

辅助老年人制订合理的生活方式，共 300 学时，占理

论课学时的 14%。这一学习领域关注的是老人的生活规划
问题。这部分关注的不是由年老或疾病带来的身体障碍，
更多的是确保老人在日常生活和社会关系网中的自主和独
立性。这个学习领域的学习单元研究的是老年护理职业的
社会—护理方向。这一范畴是继续介绍老年护理行为的另
一个重点。

2.1 在护理中考虑老年人的日常生活和社会交往（120
学时）。

学习领域	描述	学时
2.1.1	在老年护理中考虑老人的社会发展和社会地位	60
2.1.2	在老年护理中考虑老人的特别现象	60

不仅仅局限于照顾老人吃饱穿暖等基本生活，还要学
习老年人的心理特征、不同族群和跨文化等方面的知识，
以期在护理中满足老年人的心理需求。关注老年人过去的
生活方式和习惯，老年心理护理方法，了解人口年龄发展
的趋势，学习族群和跨文化等方面知识。

2.2 辅助老年人安排设计住宅空间和居住环境（60 学
时）。

学习家居环境改造，桌椅、浴室等固定设备安装设计，
学习辅助老年人饮食、培养老年人做家务的能力等。

2.3 辅助老年人安排日间活动和自我安排活动（120
学时）。

学习领域	描述	学时
2.3.1	策划老人的活动	70
2.3.2	协助老人进行活动	50

学习音乐、文化和手工方面的活动，设计相关的活动，并学会适当安排老年人的一日活动。

3. 学习领域三

法律和机构框架条件，共 160 学时，占理论课学时的 8%。这个学习领域的中心，是老年护理工作中的法律和体制框架。

3.1 老年护理工作法律和组织机构（120 学时）。

学习领域	描述	学时
3.1.1	考虑老年护理行为中的健康和社会条件	30
3.1.2	考虑老年护理行为中的专用设备条件	50
3.1.3	考虑老年护理行为中的法律和体制	40

如德国社会保障体系中包含的服务的要求、健康和社会福利事业的承载方、服务项目和一般原则等。

3.2 质量保障（40 学时）。

健康和护理事业机构的相关法律规定要求护理过程的质量得到保障。保障护理行为质量的方案和措施是跨学科的，并且方案考虑到所有体制层面。在这个学习领域中，将探讨上述内容的相互关联和护理人员在保障护理质量的措施中的作用。如：学习《社会法典》《养老机构法》等，学习老年护理质量标准、质量开发方法和管理等。

4.学习领域四

老年护理职业：共240学时，占理论课学时的11%。这个学习领域关注的是老年护理职业认知。因而这里观察的中心不再是直接的护理行为，而是护理职业的历史发展以及护理职业的多个方面内容，包括它在健康职业中的地位。护理职业的特殊压力和角色期待（即作为护理团队中的成员），成为老年护理职业认知的学习领域中的话题。

4.1 职业发展的自我认知（60学时）。了解护理职业的历史、职业法规、独立工作性、养老院关系等。

4.2 学习和学习方法（40学时）。包含利用信息和交流技术学习，新技术、新设备的自我学习，学习方法，时间管理。

4.3 应对危机和困难（80学时）。学习如何应对紧急情况，职业典型冲突处理和心理调适等。

4.4 保持和促进自身健康（60学时）。职业防护、个人健康促进、劳动保护法等学习。

5.自由安排

自由安排200学时，用来考核讨论准备等。

二、德国养老服务实践教学体系

在实践教学体系中，实践内容被描述为学习领域，而不是专业。学习领域中将考虑到实践的重点：在考虑机构和专业的条件以及方案的情况下引入实践领域，在指导下共同参与护理过程，接受独立的部分任务，参与医学诊断和治疗，接受独立的项目任务，比如日常安排，家庭护理情形的制订，学习独立规划和实施护理行为。

实践教学关注的重点是提升职业技能，主要目的是使学生能够更加自主地完成越来越复杂的护理任务。实践应该满足这些要求。实践指导的任务重点应该在第一学年给出，在第一学年向学生介绍老年护理的不同行为领域。学生应该了解不同的实践机构的框架条件和专业实训方案，通过提出相应的任务，能将理论和实践内容、目标技能和实践机构遇到的情况这三者联系起来。在接下来的实践过程中，通过专业的护理人员的指导，学生应首先参加到对老年人的关怀和护理行动中。在第二学年中，学生应该能独立地接受部分护理任务，参与到医学诊断和治疗中。提出符合课堂上探讨的学习领域的行为方向、实践机构状况的任务是必要的。这些是从复杂护理状况中提出的各个方面的任务，比如，实施特殊的身体护理措施、准备药品、进行注射、输液。在第三学年中，老年人护理专业课与实践机构相结合，旨在继续促进受训者的自主性，增加护理任务的难度。这些涉及：护理的日常安排、起居室安排、对老年人照料、陪同和护理方案的实施和评估。理论课、实操课和实践三者之间时间上的关联，对实践培训的学习任务和促进职业技能是有意义的。在实践培训的安排中，护理专业课和实践指导者之间的协商和合作是必要的。

实践共 2 500 学时，第一学年 800 学时，以老人情况观察为主；第二学年 900 学时，主要是进行如沐浴、老年人的运送等单项操作的学习；第三学年 800 学时，以综合项目操作为主。常见的实训项目有：各系统老年疾病护理；护理计划，护理文档记录，电子数据处理；残疾和痴呆援助；以护理为支撑的康复方法；护理治疗方法；日常起居和日常生活料理；临终陪护。这些实训项目也都是以案例的形式给出，让学生在具体护理老人中掌握相应技巧。实践期间，实践单位按照政府颁布的工资标准发放实习工资，以 2015 年工资标准为例，职业培训第一年：975 欧元；第二年：1 037 欧元；第三年：1 150 欧元，试用期 6 个月，培训内容与进度由学校与实践单位共同制订，培训的总责任在州老年护理专业研讨会组织方。

三、理论与实践相结合的课程体系：以德国集团柏林 IB 大学养老护理课程为例

以老年护理专业为例，入学前，学生既要向职业学校递交学习申请，也要向养老机构如养老院或移动护理服务机构、社区护理服务中心等递交实践申请，只有双方都同意接收，才算正式"有学上"。虽然各州各校课时比例不尽统一，但基本达到理论与实践的比例为 1∶1，甚至更高。

以德国 IB 集团为例，IB 集团下设培养老年护理人才的大学和培训学校，同时开办有老年机构，学校和机构二者紧密联系，互为合作伙伴。IB 集团为在校学习的学生提供部分经费支持，学生毕业之后可以进入 IB 集团各个老年院工作，既解决了学生经费、就业的问题，也缓解了企业人力资源不足的问题。

三个学年中，学习范畴和部分—学习领域的安排：

第一学年			
学习范畴 1 老年护理的任务和方案	学习范畴 2 帮助老年人规划生活	学习范畴 3 老年护理工作的法律和体制框架	学习范畴 4 老年护理职业认知
1.1 老年护理行为的理论基础	2.1 在进行老年护理时照顾到老人的日常生活以及社会关系网	3.1 老年护理工作中考虑到体制框架	4.2 学会学习（40 小时）
1.1.1 老年护理的老年病学，社会学和社会医学基础（30 小时）	2.1.1 在进行老年护理时照顾到老人的社会发展和社会地位（60 小时）	3.1.1 考虑老年护理行为的健康和社会条件（30 小时）	4.4 保持自身的健康（60 小时）
1.1.2 老年护理的护理专业基础（30 小时）	2.1.2 在进行老年护理时照顾到老人的特别现象（60 小时）	3.1.3 考虑老年护理行为中的法律和体制（40 小时）	
1.1.3 老年护理的道德基础（20 小时）			
1.3 不同类型的老年人护理			
1.3.1 对自理老人的帮助（80 小时）			

续表

第一学年			
学习范畴1 **老年护理的任务和** **方案**	**学习范畴2** **帮助老年人规划** **生活**	**学习范畴3** **老年护理工作的法律** **和体制框架**	**学习范畴4** **老年护理职业** **认知**
1.3.2 对身体机能器官有限制性老人的护理（40 小时）			
1.3.3 对急性病、非传染病型老人的护理（80 小时）			
1.3.5 对慢性病老人的护理（80 小时）			
360 小时	120 小时	70 小时	100 小时
总学时：650			

第二学年			
学习范畴1 **老年护理的任务和** **方案**	**学习范畴2** **帮助老年人规划** **生活**	**学习范畴3** **老年护理工作的法律** **和体制框架**	**学习范畴4** **老年护理职业** **认知**
1.2 老年人护理的计划，执行，文档记录和评估	2.3 老年活动与策划	3.1 老年护理工作中考虑到体制框架	
1.2.1 现象作为护理过程感知和观察的基础（40 小时）	2.3.1 设计规划老人的活动（70 小时）	3.1.2 考虑老年护理行为中专用设备条件（50 小时）	
1.2.2 护理行为根据护理过程制定结构（50 小时）	2.3.2 协助老人进行活动（50 小时）		

续表

第二学年			
学习范畴 1 老年护理的任务和 方案	学习范畴 2 帮助老年人规划 生活	学习范畴 3 老年护理工作的法律 和体制框架	学习范畴 4 老年护理职业 认知
1.2.3 护理行为的记录 （30 小时）			
1.3 根据老人个人情况 所决定的护理			
1.3.4 对心理和精神疾 病老人的护理（60 小时）			
1.3.6 对传染病老人的 护理（60 小时）			
1.3.7 对中枢神经系统 类疾病老人的护理(70 小时）			
1.3.8 对痴呆老人的护 理（50 小时）			
1.3.10 对临终老人的 护理和陪伴（40 小时）			
1.5 协助诊断和治疗			
1.5.1 老年护理中的诊 断和治疗措施的基本 条件（30）			
1.5.2 跨学科的合作 （20）			
1.5.3 药物配置的确保 （30 小时）			
1.5.4 注射，输血和输 液（40 小时）			

续表

第二学年			
学习范畴 1 老年护理的任务和方案	学习范畴 2 帮助老年人规划生活	学习范畴 3 老年护理工作的法律和体制框架	学习范畴 4 老年护理职业认知
1.5.6 执行导尿（20小时）			
540 小时	120 小时	50 小时	0 小时
总学时：710 小时			

第三学年			
学习范畴 1 老年护理的任务和方案	学习范畴 2 帮助老年人规划生活	学习范畴 3 老年护理工作的法律和体制框架	学习范畴 4 老年护理职业认知
1.3 不同类型的老年人护理	2.2 帮助老人规划设计生活区域（60小时）	3.2 老年护理过程的质量保障（40小时）	4.1 专业认同（60小时）
1.3.9 对急性 / 慢性疼痛病老人的陪伴（40小时）			4.3 处理危机和危急公共事件（80小时）
1.3.11 对临终老人的护理和陪伴（40小时）			
1.3.12 对失智老人的陪伴（40小时）			
1.3.13 保障入院，转移和出院时护理措施的连续性（40小时）			
1.4 心理疏导，陪伴和交谈			

续表

第三学年			
学习范畴 1 老年护理的任务和 方案	学习范畴 2 帮助老年人规划 生活	学习范畴 3 老年护理工作的法律 和体制框架	学习范畴 4 老年护理职业 认知
1.4.1 老年护理中的交流和谈话技巧（30 小时）			
1.4.2 不同类型老年人的引导和咨询（50 小时）			
1.5 协助诊断和治疗			
1.5.5 伤口的专业处理（30 小时）			
1.5.7 对老人进行诊断和治疗时的陪伴和支持（30 小时）			
300 小时	60 小时	40 小时	140 小时
总学时：540 小时			

四、德国养老课程体系开发的策略

2003 年 8 月 1 日，有关养老护理职业的相关法规加入 2000 年 11 月 17 日临床护理法的联邦德国法中。这也是养老护理培训教育法规第一次纳入联邦德国法内。现由联邦法规替代原州法规。

由于老年人护理职业特征的变化，此职业通道的责任方也由州转向联邦。鉴于人口结构的变化，以及其他的社会影响因素，"医学—护理"成为该职业的重要特征，且并未丢失最初的"社会—护理"职责。

该法律的实施涉及以下方面：护理培训始终围绕着养老护理这一职业特征来开展。在联邦法影响下，除了对内容的安排做出改变以外，也有别的挑战随之而来。因此在对老年人护理员的培训和评估法规中，其现代化的职业教育理念有明显的调整。在新的学习理念下，传统的学科专业结构式教学方式被专题式所取代。教与学的中心不再是专业及其内容，而是强调职业素养和职业技能。这二者应该保障课程的设置符合老年人护理实践的要求。在课程设置方面强化以学生为中心的职业技能培训。

最后，重要的相关学科，尤其是护理学科、老年病学的发展也为老年人护理职业法规不断注入新的内容。老年护理职业培训教师也因此面临新的挑战：不断加强培训学习护理学科及其他学科新知识，以适应老年人护理岗位新的要求。

在老年人护理培训州法的设立过程中，北威州成立了专门的工作小组，在联邦法的基础上，为北威州老年人护理培训的法规制定了参考标准。德国应用护理研究院针对此参考标准制定出相应的方案。因此，北威州的老年人护理培训走在德国的前列。

第二节 德国老年护理课程标准——以柏林 IB 大学 "急救护理" 为例

德国老年护理 "急救护理" 课程设置与德国急救系统相关。德国是世界上应急管理体系高度发达的国家之一，应急救援工作严谨而完善。德国应急救援体系因其法律制度完善，机制协调有序，救援队伍众多，分工布局合理，装备先进齐全等特点，具有明显优势。德国急救服务强调医院抢救小组尽快到达现场，在现场对伤病员进行救治，然后再转运到医院继续治疗，服务的理念称为 "将医院带给现场患者"。在第一现场，先将伤员的病情稳定下来，在患者到达医院前就提供高水平的医疗救护。然后向急救机构的值班调度人员汇报伤员诊断情况，由调度人员根据病情将患者分配到相关医院，即急救重在院前深入救治。

柏林 IB 大学与柏林马察恩急救医院（Unfallklinik Marzahn-Berlin）合作，共同进行人才培养。柏林马察恩急救医院是欧洲最现代化的急救医院之一，位于柏林市东部郊区，可对柏林市及方圆 800 公里范围内的灾害性事故以及急、危、重患者进行有效抢救。医院设有两座急诊大楼，楼顶配有现代化直升机停机坪；并设有 13 间手术室，拥有 1 023 名医务人员，648 张床位。急救医院里设有康复中心，目的是希望最大限度地使患者恢复以前的劳动能力，技术工人，比如司机、电工等，遇到意外，通过急救保全性命，之后继续转入康复科进行治疗，恢复机体原有的功能。

一、课程定位

"急救护理"是德国老年护理专业的核心课程，是在生命周期理论指导下设置的护理临床课程。本课程是在前续课程"老年应急护理指导""老年危重病症护理""老年心理与精神支持"的基础上进行的学习，旨在培养学生自主学习能力、创新能力以及综合职业素质，使学生能够运用急救护理知识和技术，从生理、心理等方面对急危重症患者实施整体护理，并为学生可持续发展奠定良好的基础。本课程的核心理念是关注老年人群的健康问题，打造生命的绿色通道，提高生活质量，预防并处理意外急救事件，培养具有良好职业素质、较强实践技能和科学创新能力且适应护理第一线工作的高技能老年护理人才。

二、课程设计思路

"急救护理"课程按照"校（IB大学）企（柏林马察恩急救医院）共建"模式建设，以综合职业能力目标构建教学体系，是立足于典型工作任务分析下的二次课程开发。在课程内容构建过程中，结合职业能力和职业证书相关考核要求，整合序化教学内容，注重情景性、科学性和人本性这三个结构性原则的平衡和互补，考虑知识点的合理分配以及知识结构和学习能力的循序渐进。所选取的学习内容能够涵盖本学习领域的主要知识和技能并体现急救护理工作的主要过程,具有代表性和较大的覆盖面。按照典型性、实用性、可操作性及可拓展性原则设计教学情境,采取工学结合、任务驱动、项目导向、教学做一体化的教学模式,即以典型工作任务为载体,以工作情景为依托,以工作过程为导向,实现理论教学与实践教学一体化,课堂与实训室、实训基地一体化,教学做一体化。

三、教学设计与方法

"急救护理"课程在教学过程中实施项目化教学。按照实际工作岗位的急救流程"院前急救→急诊救护→重症监护"的过程,整合序化教学内容,将教学内容优化组合成"院前急救 → 急诊科救护 → 重症监护 → 综合情景急救"四大工作项目。以各种急危重症的典型工作情景引出工作任务,用完成工作任务所需职业能力驱动教学过程,在教学过程中凸显学生主体地位,操作中渗透相关理论知识,完成工作任务的过程中渗透护理人文,达到"教—学—做"一体。坚持"以学生为主体,以教师为主导"的教学理念,在教学过程当中,紧紧围绕学生能力培养目标,将多种教学方法有机结合,以临床真实案例为依托,采用情景模拟、项目引领、任务驱动的教学方法引导和强化学生充分发挥主体作用。同时,充分利用现代多媒体设备和网络资源的教学手段。

四、教学活动与评价

实行"项目导向、任务驱动"的情境化教学。坚持以学生为主体，以教师为主导，以能力培养为主线，以项目任务为载体，以理实一体工作室、校内实训基地、校外实习基地为平台，通过项目（任务）的完成，实行"理实一体、项目导向、任务驱动"的情境化教学方法，使学生在做中学、在学中做。教师主要是引导和帮助学生由简到繁、由易到难、循序渐进地完成一系列项目和方法，培养综合能力。

积极推行过程性评价，建立了"基于工作过程"的多元化教学评价体系。教学评价不仅要求学生获得较为理想的知识结果，而且更注重在教学过程中对职业核心能力要素的考评，改革传统考试（核）评价中"一纸考试定终身"的弊端，课程在坚持"学生主体""能力本位"的前提下，加强素质教育，积极创新学生能力、素质考核评价体系。对学生进行综合性评价，即全方位反馈评价。以真实工作任务和行业考核标准为依据，采用以岗位能力为主的综合考核，实现教学、考证一体化，积极探索建立以教师、学生、行业为主导的评价体系，全面反映学生的职业能力和职业素养，不断提高教学质量。

第三节　德国养老服务课程资源

一、德国养老护理课程设置评级背景

1994 年，德国颁布了《护理保险法》，1995 年 1 月 1 日起正式实施，护理保险成为继养老保险、医疗保险、工伤事故保险、失业保险之后"第五大支柱"险种。这是德国社会保障发展史上一个重要的里程碑，也对后来日本等国护理保险制度产生了重要影响。

（一）投保人群

德国法律规定了"护理保险跟从医疗保险"的原则。这意味着，法定医疗保险中的所有强制保险成员、所有自愿保险成员以及所有家庭联保成员属于社会护理保险的成员，所有在私人医疗保险投保的人归入私人护理保险。国家官员、法官和职业军人由国家负责，他们患病和护理的有关费用由专门人员负责。

（二）投保情况

社会护理保险中的保险费原则上取决于投保人的、有缴纳保险费义务的收入的高低。属于缴纳保险费义务的收入，除了投保人从一份工作中获得的毛收入以外，还有（被削减的）工作报酬，它是失业保险金、生活费和患者补助金的计算依据。私人护理保险的保险费数额不是与收入挂钩，而是取决于加入保险时的年龄以及风险大小。

一般而言，月收入在 3 675 欧元以下的均有缴纳保险费的义务。保险费率为有缴纳保险费义务收入的 1.7%，对于没有孩子者的保险费附加费为 0.25%。保险费原则上由雇员和雇主各承担一半。

（三）护理需求分类

护理保险分为三种护理等级：

1. 护理等级 I ——显著护理需要

（1）指以下人员：他们在进食、身体护理或行动方面，在其中一种或多种方面有至少 2 次护理，至少每日 1 次需要帮助；

（2）此外，每周多次需要家政照料；

（3）基本护理和家政照料方面的帮助需求必须每天至少 1.5 小时，其中基本护理需要 45 分钟以上。

2. 护理等级 II ——严重护理需要

（1）指以下人员：他们在进食、身体护理或行动方面，至少每日 3 次在不同时间段需要帮助；

（2）此外，每周多次需要家政照料；

（3）基本护理和家政照料方面的帮助需求必须每天至少 3 小时，其中基本护理需要至少 2 小时。

3. 护理等级Ⅲ——最严重护理需要

（1）指以下人员：他们在进食、身体护理或行动方面，每日 24 小时需要帮助；

（2）此外，每周多次需要家政照料；

（3）基本护理和家政照料方面的帮助需求必须每天至少 5 小时，其中基本护理需要至少 4 小时。

（四）保险的给付

护理保险的给付可以区分为以下给付：

· 护理实物给付（服务）；

· 全住院护理；

· 部分住院护理；

· 自找护工情况下的护理金；

· 货币给付与实物给付相组合；

· 代班护理；

· 短时护理；

· 白天护理与夜间护理；

· 用于护理人员社会保障的给付；

· 针对家属和志愿护理人员的护理培训班；

· 护理辅助工具和技术帮助；

· 居住环境改善。

护理保险的给付

护理等级	居家护理		全住院护理
	护理服务机构的 实物给付	或	自己解决护理 时的护理金
I	每月 420 欧元	每月 215 欧元	每月 1 023 欧元
II	每月 980 欧元	每月 420 欧元	每月 1 279 欧元
III	每月 1 470 欧元	每月 675 欧元	每月 1 470 欧元
	可以组合		
III+	每月 1 918 欧元		每月 1 759 欧元

· 用于护理辅助工具的支出（先由医疗保险机构承担）
· 消费用品的支出每月 31 欧元
· 住房调整一次性给付，最多 2 557 欧元
· 护理人员的社会保障

二、北威州养老护理人才培养指南

2003 年 8 月 1 号，联邦政府将养老护理培训教育法规第一次纳入联邦德国法律体系内，并替代各联邦州法，将有关养老护理职业的相关法规加入到原 2000 年 11 月 17 号临床护理法的联邦德国法律中。由于老年护理职业特征的变化，老年护理职业的主管部门由州政府转为联邦政府。随着德国人口结构的变化以及其他的社会影响因素，老年护理职业在保留先前"社会—护理"职责以外，更增加了"医学—护理"的特点，并成为此职业的重要特征。

养老护理培训教育法的实施涉及以下方面的内容：护理培训始终围绕老年护理职业的特征展开。在联邦法律体系的影响下，养老护理培训教育法除了对培训内容的安排做出改变以外，在对老年人护理员的培训和评估法规中也加入了现代化的职业教育理念。在新的学习理念下，传统的学科专业结构式教学方式将被"主题—集中"式所取代。教与学的中心不再是学科专业的学习内容，而是强调职业素养和职业技能，并保障课程设置符合老年人护理实践的要求。在课程设置方面则是强化以学生为中心的职业技能培训。

职业的发展总是与社会的发展密不可分。随着社会的发展，新的职业不断产生，传统职业的特征也不断发生改变。

护理这一职业的历史可追溯到 40 多年前，它同样也受到社会发展的影响。

老年人护理职业在 20 世纪六七十年代受到"社会—护理"这一职业任务的较大影响。随着人口结构的变化和随之而来的护理需求的改变，"医学—护理"任务变得更加重要。随着老龄人口比例的不断增长，即年长的、老年的和高龄人口占总人口的比例增加，这一群体的护理需求和方式、护理质量发生了重大改变。

老年人的健康问题同时也指向了一个突出的特点，由于老年病发病病程长，进展缓慢，因此在护理方式和职业技能方面也有特殊要求。即使是处于亚健康状态的老年人也有康复和护理的需求。老年人所出现的身体机能损害和日常行为能力丧失是自身的慢性疾病、心理以及精神（智力）的变化导致的，而这些是可以通过专业的护理得到改善的。老年人护理有如下任务：①通过加强社会参与改善老年人日常行为能力下降的状况，提高老年人生活自理能力；②由于老年人具有认知障碍、行为障碍、交流障碍、心理精神障碍等方面的特征，老年人发生意外风险的概率较大，这给专业护理人员带来了特殊挑战；③自理老人日间照料、膳食制订、行为领域的问题以及发生意外和跌倒的风险，都对护理人员的工作提出了更大的挑战；④针对患有疾病的老人，老年期的复杂的临床表现和用药需求也对护理人员提出挑战；⑤老年期健康问题的复杂性，对其照料方式提出更高的要求，尤其是医学和护理之间需要提出一个跨学科的合作方案。

最后，老年人的健康问题还与社会相关，比如社会对老年人的歧视，社会关系的断层与孤立等。这些问题应由护理人员和被照顾者共同制订方案进行应对。

在大多数法律法规当中，有关老年人护理的条例也在不断地发展和完善，因此决定了护理方式的发展和完善。

病人和老年人除了需要医院临床护理外，家庭护理也越来越重要。这时的护理人员碰到的是完全不同于医院领域的组织结构、资金基础和互动模式。家庭护理一般是由相关人员来承担，比如家人、朋友、邻居。因此，生活照料显得尤为重要。家庭护理意在减少或避免待在医院或疗养院，因而护理人员必须具备独立评估老年人重要状况变化的能力，做出是否进行药物干预，请求医生帮助的决定。《护理保险法》出台以后，老年人住院护理的状况发生了变化。老年人选择家庭护理的需求增加，而这些老年人大多数存在生理和精神方面的问题，导致了护理工作的复杂性。护理人员不得不面对老人因病痛折磨和死亡威胁产生的重压。

最后，职业特征的变化也与职业自身的发展有关。护理人员制订自己的鉴定证书，它涉及个人担责的核心护理任务，不考虑单个目标群体或护理领域的特定要求。他们的护理越来越依据护理基础理论，把护理过程作为复杂护理情况的组织理念。护理学科及研究，以及别的相关学科如老年病学的知识成果，已经将部分的老年人护理行动纳入考虑。

在这一背景下，提出了老年人护理人员职业能力要求：

• 帮助老年人获得能力（身体行为能力、认知能力、社会心理能力）；

• 尊重老年人的人格尊严、特殊要求和个性，避免侵入其私人领域；

• 要有持续全面照料对方的责任意识，与其他岗位人员和组织密切合作；

• 不断进修，以便能运用成功护理案例中的新知识；

• 选择合适的工作组织形式和方法；

• 将护理对象及其家人当作有自己决策权利的合作对象。

3. 对职业培训教育的理解

职业培训的任务，一方面，是为满足各职业领域当下和将来的要求做准备，这意味着满足工作市场对职业技能的要求。另一方面，教师在职业教育中不仅要了解培训要求，同时要有达到这些要求的责任意识。在现代化和未来指向式的教育理念中，除了职业技能目标之外，个人个性的发展是第二目标。个性发展首先涉及与自己的相处，它关乎自我认知、自我行为的责任意识、兴趣领域的构建和生活规划。个性发展的目的是学生和受培训者个人能力的发展，可以理解为个人判断能力的发展，熟悉社会形势和政治行为。社会—政治行为，是人们根据自己的解释模式和价值标准对其生活世界的事件和经历的阐释并做出反应的一种阐释性行为。反射性学习和自我反射是一种看清自己想法行为的条件及后果的能力，是对自己行为意义的确定并为之负责的能力。

教育培训路线的方案的依据，是自我对护理职业教育的理解，即将职业的熟练作为教育培训的最高目标。一方面，学习者应达到各种护理任务中的护理要求；另一方面，他们也应具备咨询、沟通、协调、解决问题的能力。他们应当具有做出综合分析、进行判断的能力，以此达到职业要求。

与护理理念一样，教育关系也可以看作对话式的主体—主体关系。培训作为建立在自己判断决策能力之上的行为能力，并不会受到教育者的影响或由他们去达成。这一培训的实现更多的是以学习主体的自由、意愿和价值取向为前提。它是个人的，是学习者的成果。因而教育方面的影响是间接性的。通过与之相符的教与学的过程形成一个个人发展与再发展的平台，该平台使学习者承担运用知识和开拓自身能力的责任成为可能。

4. 教学理论和教学法方向

以熟练职业技能为目的的培训安排，明确了教学理论和课程安排上复杂的职业任务的提出方向——职业技能的方向。这一安排符合培训过程的规范。该规范以养老护理职业的培训与考核鉴定规章为基础。在课程活动上，与职业行为和主体相适应的理念是必需的。

（1）学习领域的概念

2002 年 11 月 26 日的《老年人护理职业的培训与测试规范》中的理论、专业实践课程内容将按照所谓的学习领域（人们在培训中学习的所有主题的知识，专业只是其中一部分）来编排，而不是按照专业。随之产生的是一个明确的职业教育改革方案，根据这一方案，自 20 世纪 90 年代中期起，针对九大培训职业及新职业的 KMK（文化部长会议）教学计划被纳进双元制体系并进行整顿。在这些职业教育改革方案的背后，也暗含着对传统职业培训形式的批判。尤其是职业培训课程缺乏职业参照，为达到职业技能要求做出的准备不充分，忽略学生的兴趣和学习动机。通过改变按专业安排的培训方式以及通过确保职业和主体参照的增加，这些缺陷应该被消除。

①KMK 对学习领域的界定

联邦德国各州的文化部长常设会议秘书处在其 2000 年对职业学校中的职业相关课程的改进和教学计划中，引入了"学习领域"导向下的教学计划制订的初稿。这一教学计划的学习区包括如下要点：

a.学习领域：它应列入典型的职业行为。

b.目标：学习领域的核心部分。目标是职业技能（职业行为能力），而不是传统的课程学习目标。

c.课时：对不同学习进度的学习小组、项目、教育实验来说，时间都是足够的。一个学习领域一般是 40~80 课时。

d.内容：一方面，该学习领域的内容应该符合标准规范的要求，让教师对课程安排有足够的发挥空间，它应该要足够宽泛地被表述出来；另一方面，它又必须具体地体现目标能力，并清楚地反映到课程安排上。此外，还存在一个危险，即回归到以前的内容目录或者资料划分计划，方案的目标由此被以前的所替代。

e.专业的规定：在学习领域的讨论中，是否应该有专业的规定，意见不一。在 KMK 计划的实施中，不同的州对此相关的处理方式不一样。

f.职业培训年度安排：学习领域应有一个确定的年度培训（即每年的培训目标），以保障学习过程的持续性。

②老年护理从业人员培训与考核条例对学习领域的界定

KMK 学习领域纲领将作为护理职业培训测试规范的纲领，因而培训与测试规范内容按学习领域而不是按专业来安排。老年人护理法的依据是："规范附件 1 中确定的、第三条法律派生的理论与实践课程培训内容，为具备专业资格的、符合实践要求的培训打下基础。"护理学科的发展为此提供了空间。培训内容不再是传统的某某专业课程，而是学习领域，指的是老年人护理职业的任务和护理行为。在护理培训中应推进各专业相交叉的课程和以职业行为、问题为方向的教与学。与护理相关学科的内容，比如人体解剖学、生理学、老年医学、老年精神病学、心理学、药物学和卫生学，应列入护理学的重点范畴。

学校可以自主安排每个培训年度的培训时间和培训

内容。

a. 14 个学习领域，它可归类为四大学习范畴。学习领域的安排以职业行为为方向。

b. 职业技能和目标表述不列入培训与考核鉴定规范的学习领域中，因此在该规范中没有核心部分和学习领域纲领。

c. 学时范围是 40~720。大部分学习领域的学时超过了 KMK 建议的每一个学习领域 40~80 小时。学习领域 1.3 占了 720 学时，比学校课程总课时的三分之一还多。

d. 将学习领域归入培训与考核鉴定规范的内容表述应是高度概括的，是主题式的，而不是具体内容。

e. 14 个学习领域中没有专业归类或是专业安排。只有在学习领域 1.3 中列举了应纳入护理职业重点范畴的专业。

f. 培训各阶段的培训内容将不做规定，目的是给学校在培训的内容和组织上必要的发挥空间。

③老年护理培训方案对学习领域的界定

培训与考核鉴定规范中确定的 14 个学习领域，包括它的描述部分和学时安排基本上进入了培训标准规范，在学习范畴中描述了学习领域的特定方向。法律规章制定者认为，在学习领域中涉及的职业行为领域必须与老年人护理职业有关。学习领域中确定的培训内容直接涉及老年人护理职业的培训目标，并具体化了培训职业形象。培训最后的考核鉴定部分也会涉及学习领域。在培训方针的方案中，将对培训法规中提出的学习领域的预先规定做出补充。

各学习领域要素有如下特点：

a. 这些学习领域历时长，内容广，因此将分成多个小单元，成为"部分—学习领域"。规范中的学习领域的时间和内容维度与 KMK 的表述相差不大。

只有学习领域 2.2、3.2 和第四学习范畴下的四个学习领域不再细分，因为它们从规模上与 KMK 建议相符。因此培训方针的方案包括 6 个不可再分学习领域和 35 个部分—学习领域，总共 41 个单元。

其中一些"部分—学习领域"和专业体系有很大关系，另外一些则和行为体系关系密切。这基本上符合规范中的学习领域计划。

这些"部分—学习领域"既包括老年期，也涵盖了多种护理需求。

b. 所有的学习领域和"部分—学习领域"都有其目标表述。学习领域和归属它的"部分—学习领域"各有目标表述，但后者需要与前者呼应，并具体化为学习领域。

c. "部分—学习领域"的学时不一样。除了标注学习领域的学时外，"部分—学习领域"也有建议学时，在 20 到 80 学时之间。在老年人护理专业课上，"部分—学习领域"的学时可以在考虑技能和上课内容时做出改变。与之相反的是，学习领域的学时规定一定要遵守。

　　d.标准规范中的内容比学习领域方案的内容更为详细。它应该具体到能看清它与目标表述中的技能的关联，为课程安排提供一个明确的指导。此外，还存在一个危险，即回归到以前的内容目录或者资料划分计划，方案的目标由此被以前的所替代。法律的执行者希望，培训以护理学科知识以及别的学科知识作为基础。培训的科学基础还包括相应的对教师的辅导和对其发展的需求。培训的基础是不同的相关学科的理论和方案。在两个共35人参加的专家论证会中将讨论标准规范内容的可操作性。

　　e.培训标准规范的方案指出了需参与到各个学习领域和"部分—学习领域"的专业。为避免传统的学科专业分类式组织的处理方式，同时满足半开放式的组织要求，对专业的内容将不做直接的规定。专业的给出更多的是为学校在培训的组织上提供帮助：提供一个概览，即每一个学习领域中的专业老师的投入，从而使专业老师能够被安排到相应的学习阶段中。此外，施法者建议系统整理护理的重点范围中与护理相关学科的内容。

　　方案中的专业表述是基于北威州往年的老年人护理培训州法中的表述。老年人疾病护理专业由护理专业替代，它涵盖的内容更广，是一种医学方向的护理。因而老年人护理职业的特征发生变化。护理学科专业表明，来自护理专业的理论方案或是研究成果对于提高学习领域的目标能力是必要的。学习领域中指出，疾病学这个专业的老年病学给学习领域中讨论的现象的解释是不够的或是单一的。

f.在每一个培训年度中，对具体学习领域和部分——学习领域没有规定，以此保证在组织老年人护理专业课上的发挥空间。在最后部分列出了非强制性的建议，对实践培训的安排做出了方向性的提示。

（2）基于学习领域的（方案指导下的）教学过程的设计

基于学习领域的，对教学的过程的安排不仅是上课的形式和上课方案发生变化，更多的是以学生和教师之间角色的变化为前提。在这个过程中，老师不再只是知识的传播者，他推动学生自己独立安排学习过程，并且加以陪同。学生要为自己的学习过程承担责任。所有那些使学生主动讨论复杂的职业行为要求的上课方案都是尤为有意义的，他们在讨论中询问原因，做出阐释，能将自己的感情调节和情绪作为题目，能够思考他们在非职业行为中的经历和经验，自己做出的判断会受到挑战。

以经验、问题、行为和病例为基础的课程方案也与上述课程方案一样有意义。这些方案总是把职业实践作为学校里教与学的出发点和对象。

就标准规范所制订的方案，是建立在老年人护理职业的法律基础和老年人护理人员的培训与考核鉴定规范的基础之上的。这一方案意在给护理专业课的教师就未来老年人护理培训的安排提供一个重要指南。这在教学法、学校组织和课程设置上带来的挑战，在没有与之相符的支持下，是难以应对的。与当下的规章相比，在这一方针下开展的工作更加开放，因此专业课有更大的发挥空间。不能想当然地以以下为前提或是提出这种要求：对教师与学生角色的不同理解，新的或是不熟悉的上课理念，其他的以职业技能为准的检验方式。

标准规范实施的总理念包括提供教师的继续教育。在这一进修教育中，可以一同探讨该标准规范指导下的培训安排所带来的教学理念上的、学校组织上的和课程上的挑战。

（3）实践培训教学设计说明

在方案中，培训内容不再是传统的学科专业知识，而是学习领域。它包括一般的老年人护理任务和护理过程。理论培训的目标是，传授全面的、普遍适用的老年人护理职业技巧。

可成功进行实践培训的机构是实践指导得以实现的保证。要考虑到各个老年护理领域和老年人护理机构的特点和各自的学习要点。老年人护理专业课和实践培训机构的合作是必要的。

理论与实践培训的结合，需要探讨实践中的学习任务。它应该遵循学习领域的目标能力和实践培训机构的特定方案。

学习领域中将考虑到实践培训的重点：

a. 在考虑机构和专业的条件以及方案的情况下引入实践领域；

b. 在指导下共同参与护理过程；

c. 接受独立的部分任务，参与医学诊断和治疗；

d. 接受独立的项目任务，比如日常安排、家庭护理的制订；

e. 学习独立规划，参与护理过程。

在这里，提升职业技能是必需的。主要的目的是使受训者能够更加自主地完成越来越复杂的护理任务。实践培训应该要满足这些要求。实践指导的任务重点应该在第一培训年给出，在第一培训年向受训者介绍老年人护理的不同行为领域。受训者要了解不同的实践机构的框架条件和专业实训方案。通过提出相应的任务，理论培训内容、目标技能和实践机构遇到的情况，这三者能联系起来。在接下来的培训过程中，受训者应首先参加到对老年人的关怀和护理行动中去，这通过专业的护理人员的指导来实现。在第二培训年中，受训者应该能独立地接受部分护理任务，参与到医学诊断和治疗中。提出符合课堂上探讨的学习领域的行为方向、实践机构状况的任务是必要的。这些是从复杂护理状况中提出的各个方面的任务，比如，实施特殊的身体护理措施，准备药品，进行注射、输液。在第三培训年中，老年人护理专业课与实践机构相结合，旨在继续促进受训者的自主性，增加护理任务的难度。这些实践涉及：护理的日常安排，起居室安排，对老年人照料、陪同和护理方案的实施和评估。

理论课、实操课和实践培训三者之间时间上的关联，对实践培训的学习任务和促进职业技能是有意义的。在实践培训的安排中，护理专业课和实践指导者之间的协商和合作是必要的。

三、信息化课程资源

德国已进入老龄化社会，这导致年轻技术群体逐渐缩小，加之德国青年一代上大学的愿望比以往任何时期都更为强烈，这使德国职业学校学生的综合素质面临巨大挑战。"工业4.0"要求的诸如熟悉操控软件、掌握电脑编程知识和扩大系统生产知识的能力都对新一代就业者提出更高的要求。未来的工厂不再需要大量从事重复单一工作的简单劳动力，而是需要更多具有独立工作能力、抽象思考能力、自我组织和自主决策能力的高级"脑力型"专业人才。因此，从德国目前已出现的双元制私立高校蓬勃发展这一情况看，

"职业教育 4.0"一方面将会加大德国双元制高等教育培养专业技术人才的力度,另一方面也在不断加大对中等职业教育学生的数字化素质培训。联邦教研部对"职业教育 4.0"的资助也主要体现在"职业教育中的数字化媒体"项目中,其中的一个重要目的是增强学徒们的数字技能。联邦职教所表示:"'经济发展 4.0'需要'教育 4.0',我们需要加强数字化媒介的教与学,也需要加强培训人员和培训对象的数字化媒体能力和技术。"

联邦教研部对"职业教育 4.0"的资助主要体现在"职业教育中的数字化媒体"项目中。这个项目会开发出新的数字化途径,比如灵活的学习场所和工作场所,以及电子文件夹和开放的教育资源。同时,要帮助学徒增强数字技能。在新的资助条件下,企业中的数字化学习理念将在接下来几年快速传播。企业可以共同利用技术基础设施和数字化资源,构建数字化学习网络。项目还将帮助企业共同开发高质量的质量保障标准和程序。2018 年,联邦教研部将出台新的措施,以促进继续教育中数字化技术的运用。

第五章

德国养老服务教学中的设计与方法

第一节　老年护理专业课堂教学设计与教学方法

一、课堂教学设计

德国老年护理专业职业教育严格遵循"双元制"人才培养模式，将学校理论教学与机构实践实习两部分穿插进行并有机结合，其教学目标是促进学生行动能力的获得和改进。值得注意的是，行动能力并不是一个单纯的动作或者行为，而是一个完整的行动过程。也就是说，在教学的过程中，德国老年护理专业职业教育更注重学生在学习过程中的参与性，强调学生通过自己的行动来提高职业能力，而教学则更加专注于创造某些特定的职业情境，让学生在其中模拟现实场景，完成行动能力的获得和改进。最终，学生在学校和企业的学习与实践中，掌握专业知识，习得职业技能，并通过自身体会构建属于自己的经验和知识体系。

1.教学流程设计

典型的德国老年护理专业教学，在"双元制"培养模式和以行动能力获得为导向的教育理念下，通常采用问题导向的教学程序进行教学设计。

教师在每次的课堂教学设计中，主要意图是：尽可能让学生自己学习，能够在自主学习中提出问题、分析问题，特别是如何让学生积极参与、积极发言、积极讨论、积极思考、积极动手。教师则主要起组织、引导、管理、解释和记录等作用，指导学生实际操作、对学生的讨论和操作进行点评、做出决定、保证工作质量等，以辅助学生实现主动参与、自主学习。学生在讨论、分析问题时极有可能出现结果的缺失、缺陷，甚至得出错误结论，但教师不会中途打断或者干涉学生之间的讨论，教师会非常重视对学生思维完整性和连贯性的保护。甚至，教师并不那么关注学生讨论的具体内容、辩论的具体结果，教师更关注学生是否参与并积极讨论。而学生是否积极参与讨论才是课堂设计成败的重要体现。

从提出问题、分析问题、质量控制、操作点评，到再提出新问题，螺旋式的课堂教学流程有助于学生知识和能力的不断增长和提升，同时也有助于课程教学从现象观察到本质挖掘的深入研究。老年护理的每一个学习领域都包含许多复杂的项目，每个项目本身也包含着许多任务。教师往往采取行动导向（或称为任务驱动）的教学方式进行授课，教师在授课过程中不断提出新问题、发布新任务、创建新情境；学生则通过讨论、查阅资料等方式解决问题、完成任务，并不断强化旧知识，学习新知识。需要注意的是，任务的设计逐渐增加难度，通过巧妙的设计，将旧知识融入进去，既能对旧知识进行复习总结，又引入了新的教学内容。

2. 教学情境创建

德国老年护理的教授案例大都来自实际护理现场，为学生创建或还原了一个实际的护理工作情境，学生的学习过程实际就是解决工作问题的过程。问题解决后，学生既掌握了知识技能，又获得了工作上的成就感。这种学习方式，行动导向明确，能够激发学生的学习兴趣，充分调动学生的学习内生动力。

在每个不同的学习情境里，教师可以重点设计一到两个知识点，简洁明了，学生通过反复练习，容易做到熟能生巧，为解决复杂情境问题储备知识和技能。而复杂的连续情境设计，需要更多巧思，使下一个学习情境在前一个学习情境的基础上，增加新任务和难度，逐步引出解决新问题的方法，由此引出新知识点。这样，学生总能带着问题学习，环环相扣，逐渐深入。这也对学生学习提出了更高的要求，学生每堂课都必须认真掌握知识点，动手操作练习，每一个情境环节都必须掌握，一环扣一环，一旦某一环节没有掌握，后面的课程学习就会越来越吃力，甚至可能无法完成学习任务。而教师课堂讲授中的主要任务是重点讲解上一学习情境中存在的问题，以及下一学习情境中会用到的新知识点。需要特别强调的是给学生传授解决问题的方法，引导学生亲自动手去实践，让学生在实际操作的过程中逐渐理解、领会新知识点和技能技巧。

二、课堂教学方法

任何教学活动都应综合使用多种教学方法，根据知识特点，合理运用、有机结合各种教学方法。

德国老年护理专业课堂教学活动中，分组学习法、引导文教学法、案例教学法、角色扮演法、项目教学法都是比较常见的教学方法。

分组学习法在教师进行分组教学时，主要有两种类型，一是所有小组任务相同，二是各个小组任务不同。分组学习流程一般会先向学生说明任务、流程和完成实践；然后3~5人一组，进行计划和决策；最后分组阐述结果，进行回顾。教师在分组教学过程中，需保证每个学生都能够得到工作结果，并尊重学生的工作结果。同时，所有学生都应该参与到分组讨论和工作结果的展示汇报中来。采用小组合作学习可以提高学生的社会能力，锻炼与人交往、沟通表达的能力以及组员之间相互协作的能力，同时也能提高学生的自信心，激发学生的学习积极性，促使学生自主学习，甚至增强学生的竞争意识。

引导文教学法采用开放式答案的书面问卷，要求学生独立完成问卷所有的书面问题。引导文可长可短，主要形式有表格和叙述性文字等，也可以根据教师个人爱好撰写引导文，以书面文字形式引导学习任务的开展，并以书面形式完成学习任务。例如，老年护理专业教学课堂上，教师给出一份关于"2型糖尿病老人皮肤护理"的引导文。该引导文一共有12个问题，包含多项选择、填空、描述性问答题等多种形式，每个题目没有标准答案，每个学生都可以得出不一样的答案，具有很大的开放性。其学习过程的关键在于，学生在教师的引导性问题的提问中，自主独立思考、学会查找资料和主动学习，这有益于提高学生独立自学的能力和改进学习方法。

案例教学法常运用情境或者实际护理案例来描述问题，要求学生首先学习解决问题的途径和手段，其特点在于激发学生的学习兴趣，培养学生的学习能力。案例教学法在教学过程中的实施过程是：首先，提出问题状况或问题情境，让学生寻找并发现问题；其次，为学生提供问题状况或问题情境的背景信息，给学生某些解决问题的提示；再次，通过分组学习等形式，让学生分析解决问题，并请学生介绍问题解决的结果；最后，通过讨论和评价案例结果，引导学生考虑其结果在类似问题上应用的可能性。

角色扮演法是指在培训教学中使用各种角色的意识规则，这种教学法能为学生尽快适应以后的老年护理工作提供更多的准备机会，从而降低学生进入工作岗位的培训难度。在角色扮演的情境中，可以设想各种不同的行为方式，每个参与者扮演不同的角色，学生在角色扮演的陌生环境中逐渐熟悉各种角色。角色扮演主要分为两个方面，一是学习和把握自己的角色，二是了解其他的角色。通过角色扮演，不但可以改善自己的行为能力，还可以发现对方角色的反应状况。通过演员、参与者、观察者三类角色的相互配合，分析陌生的或者熟悉的行为方式。

项目教学法是一种多元的培训教学法，这种教学方法能使教学过程和形式随社会条件和技术条件的变化而发展。项目教学法的整个教学过程可以大体分为三个部分：一是教师和学生一起制订项目目标和构想，并计划项目；二是学生分组或者共同实践项目计划；三是对项目结果进行评价和总结。

第二节　老年护理专业实践教学设计与教学方法

　　由于教育教学体系的不同，德国养老服务专业课堂的设计及教学方法与我国存在差异。德国养老服务专业没有全国统一的教材，只是每个州或地区在每门课程的教学目标上根据行业需求达到相对统一，教学目标会随着行业的发展和需求不断更新和修订。但在课程资料的制作和选择上，每个学校或者专业自主性比较大，通常由任课教师最后确定并直接带至课堂供学生使用。

　　因为国情的不同，德国老年服务专业实践课的课堂与我国有较大差异。他们的课堂氛围相对轻松，课堂上老师与学生的互动较多，通常每个班级的学生人数不超过20人。学校不设定统一的上课及下课时间，通常一堂课一个半小时，中途有休息，休息时间的安排由老师根据课堂的实际情况自由掌握。下面就课程标准、教学目标等进行具体阐述。

一、确定课程标准及教学目标

　　德国老年服务课程实行的是模块化教学，包括老年自理人群服务指导、安宁照护、老年心理健康支持、适老规划与改造、老年应急护理指导、老年失认失智护理指导等模块。各模块均是从老人的实际需求出发进行理论和实践教学。实践课的课程标准及教学目标紧密结合德国养老行业的现实需求展开，引导和规范着课程发展的方向。

（一）课程基本理念

基于对生命的理解、尊重和热爱，在整个照护老人的过程中给予不同健康状态的老人同样的理解、尊重、支持、陪伴和帮助是开展老年服务职业教育的出发点。

德国职业教育发展的价值逻辑源于重视劳动者心理的健全和道德信仰建设，使个人的价值观念符合他所属的社会利益，全方位促进个人的社会化。课程也紧紧围绕"人"这个中心，在强调人格发展定向的基础上塑造学生个体完整人格与社会发展相适应，希望在个人与社会之间得到高度平衡与统一。德国养老服务职业教育植根于其特殊的社会文化传统之中，在课程理念上达成共识：养老服务工作不只是一系列技术操作，更是一种情感与人性的表达。只有在人文精神的指引下，它才能肩负起生命终极关怀的使命，培养具有人文品格的养老人才。

（二）课程目标

课程目标引导和规范着课程发展的方向。德国养老服务职业教育也遵循"学习领域"课程指南中所确定的培养目标：（1）传授将专业能力与一般性方法和社会能力相结合的职业能力。（2）发展职业能力的灵活性，应对工作和社会领域以及国家和地区不断发展所需要的不断变化的要求。（3）激发参加职业继续教育的意愿。（4）提高有社会责任感地对待个人生活和公共生活的能力意愿和能力。

为了达到上述目标，必须做到以下几点：（1）使课程符合针对自身任务的特定教学方法，强调以实践为导向。（2）根据所需的职业专业性，传授特定职业和跨职业的资质。（3）确保提供差异化和灵活的教学服务，以便适应不同的能力和天赋在工作和社会领域中的需要。（4）知晓与从业和私人生活相关的环境危害和事故危险，并懂得避免和降低事故危险性的方法。（5）学校为同学提供一般性课程，并尽可能在职业课程的范畴内涉及所处时代的核心问题。

德国三年制护理职业教育课程指南中所表述的目标，其内涵已超越具体实用的技术教育，而上升到关照人的整体生活与未来发展。我们可以从表1"老年护理基础的课程标准（缩略版）"的模块内容，感受到对学生精神生命成长的关注与支持。

表1　老年护理基础的课程标准（缩略版）

模块1	模块题目：老年护理基础	
学历层次：	高等教育专科	模块类型：必修模块
报名要求	参加过模块 I 1.1，I 2.1，I 3.1 学习	

学习目标以及掌握技能	学生能够理解与感知老人的特殊生理及心理状态、愿意陪伴与帮助老人并为他们提供支持与关怀。他们可以通过感受练习与观察识别哪些护理行为不会对老人造成伤害、哪些护理行为会让老人感觉安全与舒适。不断感知和观察护理过程中的现象，根据护理过程来组织和安排护理行为，考虑护理过程的每一步，为老人们更好的生存质量贡献自己的力量。 学生们能够： ·尊重老人的感受，从老人的实际需求出发，提供护理支持。 收集信息并正确制订护理诊断和计划，根据计划采取相应的护理措施。 了解如何实施护理措施并对措施进行专业评估。 ·考虑老人及其亲属的需求，预估护理计划的可能性和局限性并作出相应调整。 ·在遇到问题或困惑时，知道通过正确的方式处理和解决问题。
模块内容	·感知与观察 - 感知及感知过程的基础 - 影响感知的因素 - 感知的准则 - 所感与真实 - 观察及观察过程 - 影响观察的因素 - 现实与所感 - 观察与护理 - 日常护理中的数据统计 ·护理过程的基础 - 护理过程的历史观点 - 将护理看作解决问题的过程 - 将护理看作关系过程（老年人及与之相关的人，护理人员） - 护理理论及护理过程 ·护理诊断 - 收集信息及护理病历 - 老年病学的评估及评估方法 - 护理诊断的完整性、个体化及系统性

续表

模块内容	·护理的计划、实施及评估
	− 护理目标及护理措施
	− 评估护理行为的方法
	− 护理团队跨学科合作的可能与实际
	·护理计划的局限
	− 护理行为受机构和企业行为的影响
	− 护理行为准则
模块运用课程	老年健康与社会学概论、护理研究概论、老年服务能力与沟通技巧

二、整合知识体系及教学内容

德国老年护理教学分为在校学习和护理机构实训，但这两块并不是完全分开而是相互穿插进行的。

在学校学习的主要内容包括公共课和专业课，其中公共课包含：①语言。②政治。③宗教。联邦政府规定了老年护理教育的专业课内容的四大范畴，它们是：①老年护理任务与原理。②生活料理的援助。该范畴内容不仅仅局限于照顾老人吃饱穿暖等基本生活，还要学习老年人的心理特征、不同族群和跨文化等方面的知识，以期在护理中满足老年人的心理需求。同时还有老年人日间活动安排的学习内容，满足老年人自我实现的精神需求。最后还有居所适老化改造的内容。③法律和机构的基本规范。了解德国社会的保障体系及与老年护理相关的法律内容。④老年护理职业。了解老年护理职业的历史、职业特征、职业防范及工作中自我提升的方法。类似于职业指导方面的内容。

在机构实训的主要内容有以下几方面：老人情况的观察、协助老人进行如厕和沐浴、老年人的运送等单项操作项目及各系统老年疾病护理、电子数据处理、残疾和痴呆援助、以护理为支撑的康复方法、日常起居和日常生活料理、临终陪护等。实训项目也都是以案例的形式给出，让学生在护理老人的具体过程中掌握相应技巧。

总之，在养老护理职业教育过程中，理论学习和实践操作是相辅相成的，不仅要考虑单项技术的实际操作能力，同时要重视把所学理论融入实际。这样学生毕业时一方面能获得理论方面的知识储备，同时在实践过程中将理论与实际相连接，重新整合知识体系，提高了操作技能；另一方面，通过实践，验证了理论阶段所学知识的科学性。

三、设计"双元制"教学环节

"双元制"的最主要特征就是企业和学校双主体办学，企业是办学的主体。老年护理教育作为职业教育的一种，在德国也严格遵循了"双元制"的办学模式。而"双元制"教学是指在学校的授课过程中，从行业企业的实际需求出发，采用还原实际工作情境的方式，让学生感受作为一个职业人应该具备的各类素质。而这些素质的培养在课堂的教学环节中均会体现。以下是常用的"双元制"教学环节的呈现：

（一）情境模拟

情境模拟是课程中最受学生欢迎的环节之一，教师给出一个情境，这些情境全部来自行业的实际工作。通常设置 2~3 种社会关系，同学们扮演和体验不同的角色。通过这种方式激发学生去思考人物角色的内心感受和体验，学会理解老人及其他角色的视觉和观点，去尝试着接受互相之间不同的心理，为学生将来的职业生涯做好充分准备，避免回归现实的迷茫，同时提高团队协作及沟通交流能力。

（二）分组工作

教师讲解主题和任务，学生按照就近或随机或其他标准进行分组。分组后在规定时间内完成讨论并依次展现讨论结果。根据课程的不同，结果展示环节有的是一名同学代表一个小组做总结性案例分析报告，有的是一名或几名同学的技能操作，有的是整个大组同学呈现的各类角色演绎。各组依次呈现完毕后，进行点评和提问，有小组内部的自问自答，也有不同组别的互相提问与回答，还有老师的提问与回答。学生在解答问题的过程中加深了对技能和知识点的记忆和理解。这种方式与实际工作中的团队协作相似，同学们会在分组中融入自己的小团队，充分施展组员的天分；同时在提问其他组或听其他组别展现结果时，他们常常会有新的思考，促进彼此的成长，亦如实际工作中不同专业于一个养老机构共事的情况，这在培养团队协作及质疑并提问获取回答等能力的培养上是极其重要的。

（三）构造可视化教学环节

为了培养学生的形象思维能力，需要充分利用辅助材料或器械让学生把学习或工作过程、讨论结果、学习成果等用图示（简笔画、漫画、关系图等）方式展示出来。例如在学习老年人生理特征时，教师可以请同学在纸上或黑板上画出正常人体的样子，标注出各系统的具体位置，一边画一边引导学生思考老人的各系统和年轻时相比发生了哪些变化，这些变化可能给老年人带来哪些不适或者麻烦，进一步引导，我们如何来认识、了解、帮助并尽可能改善这种不适等，同时借助多媒体、图片、绘本、模具等教学资源，减少单纯文字说明的情况。该环节通过形象的感官刺激让学生尝试去感受和理解真实工作情境中存在的人、事、物，为跟将来的实际工作进行无缝对接做准备。

以上是在"双元制"教学环节常用的方法，除此之外，还有非行动导向教学法，如四步法、小组拼图法、轮转学习法、头脑风暴法等，通过各种形式强化学习，激发学习自主意识和学习热情。

四、创设教学情境

基于工作任务的模块化培训是创设教学情境遵循的主要原则。

在养老护理教学情境的设置中，理论培训的阶段和实践培训的阶段是相互转换的，不但要考虑常用的生活照护模块，还要思考不同情况和不同情境中老人身体和心理的变化。这需要同学在进行模块化训练的同时将理论知识融入实践操作过程中。这样的组织形式能够保证理论知识通过学习任务立即转变到实践中去。这样，学生毕业时能夯实理论板块的学习任务，这类学习任务可以与将来在实际工作中最新教授的知识和技能相连接，并且同时还涉及实训阶段的操作和手法。

教学情境的创设主要通过教师在行业的经验来获取，各类照护老人的情境会凸显出人与人的不同。在情境中，老人不是一成不变的，而是有着不同喜好和独特个性的人。学生在完成工作任务的时候需要随时照顾到老人作为一个人的情绪和感受等，要对老人有足够的尊重。在情境设置中，有时会分成几组，经历同样的情境。老师观察、记录各组的表现，并和学生一起讨论，同一个情境可以有多种处理方法和表达途径，但需要找出其中的原则和规律。当然也会设置不同的情境，让学生分别进入不同情境并验证同样的原则和规律。

五、激发课堂讨论

学生在课堂上的主动性非常强，教师只是学习过程的组织者与协调者，遵循"信息、计划、决策、实施、检查、评估"这一完整的"行动"序列。教师在授课时提供学习的相关信息，学生根据教师所提供的信息进行计划，在教师帮助下进行决策、实施、检查。然后小组进行评估，教师也对学生进行评估，并反馈检查、评估内容，从而促进教学与学习。在课堂中，教师与学生互动，让学生独立获取信息、独立制订计划、独立实施计划、独立评估计划。学生在自己的实践中，掌握职业技能，学到专业知识，从而构建属于自己的经验和知识体系，并从中培养自己的专业能力、社会能力、沟通能力、学习能力。教师永远是学生的咨询者与引路人。以下是常用的激发课堂讨论的教学方法。

（一）微观教学法

微观教学法属于行动导向教学法的一种，它属于课堂中所使用的具体的细节教学方法，这里的微观教学法包括"思维导图""头脑风暴法"和"鱼刺法"。第一种方法的目的是全方位地调动左右大脑的形象思维和逻辑思维水平，使用图片的形式来分析问题和解决问题，以一个主题为中心，围绕这个中心，四处扩散。主题进入中心，大致想法或关键词形成枝丫，相应枝丫的路线创意归类；使用颜色、图片和标志进行视觉支持，每条线只有一个关键词或一个思想，最终形成所谓的思想地图。"头脑风暴法"是不作任何评价地收集自发想法来解决问题，属于常见的创造性技能。思考以后最好的方式是表达想法，由于思维方式和出发点的不同，总会引发激励的讨论，在讨论中认识真理。"鱼刺法"是一种结构化的方法，用于识别可能产生缺陷或过程偏差的原因。

（二）探究法

探究法是指在实践中对事实、经验及行为方式等进行有计划的现场考察的方法。探究法由学生独立完成。考察范围、目的、主题、角度以及考察方式由学生自己开发、实施，旨在使学生获取大量相关经验信息，熟悉方法的运用。可在其他教学方法中运用。其优点是可以弥补全日制学习的缺点，可以让学生离开教室，到企业、社会中接触实际情景，培养学生独立研究、学习的能力。学生到行业中可以了解到行业的运作方式、服务流程，对行业有一个相对全面的了解，回到课堂后，通过分享与讨论获取行业更多信息，这是非常值得借鉴的方法。

（三）项目教学法

项目教学法作为一种宏观的任务导向型的教学方法，直接与企业、生产实践挂钩，解决养老行业中的实际问题。具体实施包括信息导入、计划、决策、实施、评估、转移六个阶段。六个阶段循序渐进，学生独立自主解决问题，教师自始至终都是作为被咨询者和帮助者而存在的。团队内思想的碰撞和不同组别之间创意的碰撞使讨论无处不在，讨论的过程极大地激发了学生的学习动力，也培养了团队的合作能力、以实践为基础解决实际问题的能力、跨学科工作能力及自主工作能力等，同时也增强了学生的责任意识，拓展了知识，为日后工作打下坚实的基础。

六、课程教学方法分析

　　任何一种教学方法最终的目的都是培养出具备专业能力和专业素养的养老人才。而能力培养目标是在专业能力的基础上更多地强调方法能力、社会能力和职业灵活性，这为学生的生存与自由择业提供了支撑。在养老行业，人是目的，而非工具。于是激发与提高学生的学习自觉性及高度的责任感，是教育对于道德培养、精神升华的必要准备，是学生步入社会之后建立完整精神生活和人生价值的重要基础。不同的教学方法都同样强调了对老人生命的关怀、对老人个体差异的尊重和对老人所处时代的关注，也培养了学生将来作为职业人可持续发展的能力，学生能够清楚认识到个体的差异，也知晓自身发展要融入社会的重要性。重视人文精神是社会发展与个人发展不可或缺的价值航标，在通过各类教学方式所呈现出的情况中也有诸多体现。

　　德国养老护理教学方法有一个特点，就是基于工作任务的操作实践。以行业引领专业的发展为契机，学生获取最新的行业动态，学习与之相适应的模块。特别是通过设置工作中的场景、项目或者通过角色演示，学生能学到将来养老护理实操的具体内容。复杂护理实践操作通常包含多个单个技能的实践操作，通过模拟能够展示实际工作中所涉及的实训课程，为学生将来更好地适应行业工作打下坚实基础。

七、总结反思，完成教学价值评估

在整个教学过程中，要特别注重学生学习主动性、团队协作能力、技能熟练程度的培养。除此之外，操作的规范性、设计的合理性与科学性，以及创新意识等也引起了高度关注。最终目标是为养老行业培养具有团队合作意识、诚信、吃苦耐劳、踏实工作、敬业等精神的专业人才。其不仅是技术层面的，还包括与人沟通，懂交流技巧，有健康的体魄、完整的人格、乐观的心态、坚强的意志、良好的社会适应能力等。同时，学习任务应避免仅仅让学生学会单独的知识和技能，而应逐渐以工作流程为中心，这是需要不断提高的能力。随着时间的堆积，学生也能应对难度系数较大的工作，不断成长。

第六章

德国养老服务师资队伍建设

第一节　德国养老服务师资队伍的需求

在德国，教师是国家公务员，养老服务类教师也不例外。因此，关于教师、教授的聘任条件及其职责，德国基本法和各个州的基本法都有相应的规定。因而德国联邦公共行政管理学院以及各州的行政学院在聘任教师、教授时必须严格遵守国家基本法或本州基本法的相关规定。尽管各个州的基本法在这方面的规定不尽相同，但差别比较细微。德国在整体师资队伍建设上的做法充分体现了三种精神：法治精神、人本精神、务实精神。

一、师资队伍现状

德国的职业教育分为职前职业教育与培训（Initial

Vocational Education and Training，IVET）和继续职业教育与培训（Continuing Vocational Education and Training，CVET）。IVET 是学员在全日制义务教育之后，走向工作岗位之前获得的必要的知识和技能，主要形式有企业本位的"双元制"职业教育培训和以学校为主的职业教育培训两种，以前者为主。CVET 是指在完成 IVET 之后，为了专业拓展和职业发展而进行的教育与培训，根据不同的培训目的可分为：由私营部门、公司根据各自需求提供的企业内继续职业培训，也有法定的、公众提供的继续职业培训以及个人根据自身需要参加的继续职业教育与培训。

在德国，职业教育中的师资分为两大类型，即教师和培训师。教师受聘于各类职业院校，而培训师一般为企业的技术工人或工程师，他们为学生提供就业所必需的理论知识和实际技能。对于残疾人，有专门为其服务的心理学家、医生和社会教育工作者。此外，商会的培训顾问可以就相关培训事宜在学员和雇主之间进行协调，联邦职业介绍所的职业指导顾问可以为学员提供职业咨询。

1.IVET 教师与培训师类型

职业学校的教师负责学员理论部分培训，并评定学生的成绩。富有经验的教师可升级为高级教师，部分参与学校管理和参与制定国家课程标准。IVET 教师可分为理论课教师和实践课教师。理论课教师主要讲授专业课和通识课，实践课教师主要教授学生实际技能，教学场所在学校实习工厂、建筑实训工地、商业办公室、学校厨房、实验室以及实证车间等。培训师是企业内部指导职业教育学生技术人员的总称。培训学员可以是他们的主要工作，也可以是他们的次要工作。像中小型企业，学员只有几名，培训一般是他们的次要工作；而大企业多数拥有自己的培训基地和专职培训人员，也可以多家企业成立联合培训中心。

2.CVET 教师与培训师类型

德国的 CVET 机构很多，包括职业学校、国家成人教育中心、企业培训中心、由行业主办的各类培训机构、远程教育机构、具有 CVET 义务的高等院校等。教师（培训师）的来源也比较广泛，层次不一，有取得正式教师资格的、有合同制的、有时薪制的。非营利教育机构的教师为终身制，他们在工资待遇、专业发展等方面都有相关的法律法规保障；而受雇于企业的在职培训师不同，他们容易受到经济环境影响而丢掉工作。

3. 负责机构

在德国，多个组织负责职业教育教师和培训师的培训工作，职业学校的教师需要考试，由国家考试办公室或国家考试委员会负责，课程制定基于国家课程标准。企业中的培训师初始培训受《联邦职业教育法》和《培训师资质条例》制约，但对于后续职业培训，法律没有做出明确规定。为了确保企业培训师的培训质量，工商业联合会负责监控培训师的资质和训练规程。

4. 教师（培训师）的职前教育

报考职教师资专业，首先有一个入学资格要求，除了必须持有文理学校的毕业证书外，还要有 3~12 个月及以上的企业实习等工作经历。教师的职前教育包括两个阶段：

第一阶段：完成 8~10 个学期的大学学业，内容包括以下四个部分：

①理论部分包含至少两个部分：一部分是主修一组专业课（共 16 个专业），另一部分是公共课学习（德语、英语、数学、政治、物理、体育等）；②相关的教学方法学习；③教育理论学习：包括教育学和心理学；④数周教学实践。完成以上的大学学业后，要参加第一次国家统考，这是对学生知识与技能的鉴定，合格者取得实习教师的身份。

第二阶段：第一次国家统考通过后，进入州政府开办的教师实习学院，度过两年的教学实习期。在这两年里，三分之二的时间在相应的职业学校里由导师带领实习教学，三分之一的时间在实习学院接受更高层次的师范教育，学习掌握教育理论；顺利完成这两年实习教学和师范理论学习任务的实习教师，可以参加国家组织的第二次职业技术教师资格考试，合格者才可获得正式岗位资格证书，去职业学校应聘，独立任教。由此可见，德国职业技术学校专职教师的培养过程长，要求规格高，计划详尽周到，方法扎实有效，目标规范明确。这样培养出来的人员一旦独立任教，就已经具备相当雄厚的职业功底和很高的业务素质。其缺点是教师的就业时间较晚，一般人要到 30 岁左右才能得到这份职业。但由于德国职业教育师资的收入很高，与高等院校完全一样，又享有国家公务员的各种优厚待遇和较高的社会地位，所以仍有较多的人极愿加入到职教师资队伍中来。

5. 教师（培训师）的在职进修

由于科学技术发展速度快，职业学校教师必须每 5 年到州一级的教师进修学院接受培训，以便知识更新和专业拓展（例如，学校引进一组新的课程，相关教师需要进行相关课程培训）。培训方式一般以研讨会的形式进行，也可以进行远程授课。此外，州教育文化部也举办特种培训班，各教育部门也举办各地区的培训班，使教师及时学习，补充新的科学知识，了解新的科技信息，掌握新的教学方法，使本专业传授的知识跟上新技术的发展。此外，各州还规定，职业学校在与经济界合作中要加强教师的进修工作，增加去企业实习的次数。通过到企业去实习，教师能够了解最新科技在企业生产和管理中的应用，认识企业采用的最新设备、工艺及管理模式，及时地把企业中的最新信息带到教学中去。职业学校还聘请大量兼职教师。他们来自工商业、手工业、农业、家政等不同行业，大多数是各行业中具有丰富专业知识和实践经验的技术骨干和实践家，主要在某些缺乏专职教师的专业任教或当专业实践教师。例如园艺师讲授园艺课，牙科大夫教修治牙齿，税务官宣传税法等。学校类型不同，兼职教师的数量及其承担的课时也不同。例如柏林技术与经济高等专科学校规定每周不超过 8 学时，但同时还要求全校总的教学工作量由兼职教师来承担的比例须达到 25%，并且这些兼职教师须是来自社会或企业界，这样做的目的是加强学校与企业或社会的联系。职业学院兼职教师一般多于专职教师，兼职教师占到 60%，他们主要来自企业界（管理或技术人员）或其他高校（高等专科学校或大学教师），有的职业学院兼职教师比例达到 80%。由于德国的兼职教师大多来源于企业，他们可以将生产中的最新技术引入教学内容，保证高职教育与技术进步挂钩，还可以加强校企合作，协助解决生产实习、毕业设计和毕业生就业等方面的问题。

二、养老服务类师资聘任要求

以德国黑森州行政学院聘任教师、教授的具体做法为例：

第一，依法明确聘任条件。德国黑森州行政学院聘任教师、教授，一般来说要符合下述三项法定条件：一是必须具有大学学历；二是必须具备执教资格；三是必须具有一定的教学经验。特别强调的是，第二项条件所说的"执教资格"是指，一个人能够到德国黑森州行政学院任教，必须要具有教师方面的专业学习经历。

第二，科学规范聘任程序。德国黑森州行政学院的教师、教授数量是恒定的。只有教师队伍中由于退休、生病或死亡出现岗位空缺的情况下，学院才着手进行教师、教授的聘任工作。其基本程序是：①向州内政部提出聘人申请。只有这个招聘人才的申请得到州内政部的批准，学院才能真正开始招聘工作。②发布招聘信息。学院面向全国招聘人才。通过在专业杂志上做广告的形式，把招聘信息发布到全国各地，并对招聘条件做出详细说明。任何符合招聘条件者，都可报名并把相关材料寄到学院。③初步审核确定候选人。对应聘者寄来的材料，由学院的专门评估办公室进行初步审核。从符合条件的材料当中确定参加"试讲"考核的候选人。一个竞聘岗位一般要确定 5~6 名候选人。④试讲考核排名。学院专门成立招聘工作小组，对试讲候选人进行试讲考核。招聘工作小组一般由 4 人组成，其中不仅有专业教师，还有妇女协会的代表。有妇女协会代表参与的目的是确保女性应聘者不被歧视。招聘工作小组根据每个应聘者试讲的情况形成最终考核结果。⑤州内政部决定最终录用人选。学院要把最终的考核结果呈送给州内政部，由州内政部决定最终聘用人选，学院负责通知被聘用者上班的时间和工资待遇等事宜。如果出现被确定的人选不接受聘任的情况，则由内政部根据此次考核的结果转而求其次。如果到了第三位仍出现不接受聘任的情况，学院就要重新组织招聘，还要重新评估招聘的条件及任职待遇。⑥接受聘任的教师要依法执教。这主要包含两个方面：一是必须接受学院"试教"的安排；二是要做到备课充分，每周上课时间要达到 18 小时。

第三，教授聘任不拘一格。一般来说，没接受过大学教育的人是不能在德国黑森州行政学院执教的。但事实上，在德国黑森州行政学院执教的教授不具备大学学历的也不乏其人，这主要是因为学院希望那些具有丰富的政府机关工作经验、对国家系统有较好专业知识的人到学院执教。学院在聘用上不拘一格，但其前提条件是，受聘者必须是国家高级公务员或中高级公务员，并且已经享有与教授同等的待遇。学院聘用这样的人执教，主要是考虑到他们具有更加符合工作岗位实际需要的能力，他们的到来将极大提高学院培训公务员的知名度与信誉度。学院的这种做法也是州基本法所允许的。

三、养老服务类教师考核

教师考核旨在提升培训质量，注重维护教师的个人尊严。德国黑森州行政学院为了保证公务员培训的质量，非常注重教师教学质量的管理，并形成了较为完善的考核办法，主要表现在两个方面：

学院协助教师加强自我评估，积极引导教师提高教学水平。为此，学院专门为教师设计了面向学员的问卷调查表，在每个问题后面列举出多个表示满意程度的供选答案，以此帮助教师了解授课情况。这种问卷调查表的内容主要包括：教师专业水平怎样？带给学员的实践经验怎样？对学员提出的问题解决的方式好不好？整体教学设计怎样？教学思路怎样？课上完成作业的时间够不够用？所布置的辅导资料是否有用？所传授的专业知识在工作中能否用上？所布置的作业教师事先有无充分准备？教师是否做好了该准备的一切工作？所布置的学习任务是否要求学员必须要做？对学员的自学要求怎样？已形成的师生关系如何？学习小组的氛围怎样？总体评价怎样？

这里需要说明的是，这种问卷调查形式，不是学院每个人必须做的，而是任课教师根据自己的需要自愿独立进行。教师由此所得到的反馈信息不是交给学院的教学管理部门，而是供自己参考使用，自我评估。

学院对教师进行直接全面评估。一般来说，学院每两年组织一次弹性考核，教师可以自愿参加这次考核活动；每三年进行一次硬性综合考核，所有教师都必须参加。学院对教师进行直接全面评估的方式也是通过向学员发放调查问卷来进行的，具体操作是由学院的考核小组组织进行。这种考核的问卷内容主要包括：教师所提出的问题与所学的内容是否相符？教师的专业水平是否到位，讲授的内容是不是所期望的？所遇到的难题是否在教师的帮助下得到了解决？教师上课是否做到准备充分、安排周密？教师授课是否通过联系实际来加深对专业知识的理解？教师讲课的节奏如何？教师的授课内容对你今后的发展是否有所帮助？对教师的授课内容是否需要进行课前准备？教师所讲的内容对实际工作是否有帮助？教师是否运用了现代化的教学手段？教师是否把学员当成了小孩子？课上学员之间是否有良好的人际关系？

考核问卷收回后，直接集中到问卷调查办公室进行分析总结，形成总的评估意见上交给学院。因为学院搞的这种形式的问卷调查，并不是针对个体教师的，目的完全在于提高学院整体教学质量，所以，学院只让教师了解总体的评估情况，而不让教师知道他们彼此的个人评估结果。对教师个人而言，如果学院认为确实存在需要改进的问题，由相关部门通知本人，使其做到心里有数即可。这与德国普通高校把对教师个人的评估意见完全公布出来的做法大不相同。这种做法，不仅有助于达到提高教学质量的目的，而且极大地维护了教师个人的尊严，从而保证教师彼此之间以及教师与学院之间关系的和谐。

四、养老服务类教师的科研以养老服务领域的实际应用为取向，强调为政府决策服务

长期以来，由于德国基本法对行政学院的科研工作没

有明确的规定，因而德国黑森州行政学院一直认为科研不是教师的主要任务，认为教师的主要任务只有两个：一是教学；二是及时发现年轻有为、善于治国理政的人才。随着近年来德国教育制度改革步伐的加快，学院认识到，德国基本法对普通高校的有关科研工作的规定也同样适用于行政学院，由此，德国黑森州行政学院借推行学院管理制度改革的机会，把科研工作确定为教师的主要工作任务之一。由于此前学院在科研工作管理方面没有更多的经验总结来指导新的实践，于是，学院成立了包括专业教师、管理人员和学员代表三个层面的人员在内的科研工作领导小组，积极谋划与安排学院未来的科研工作。学院已经对科研工作作出安排，并于 2008 年正式全面启动科研工作计划。其科研工作安排的内容主要包括：一是学院的科研工作紧紧围绕行政机关的实际工作需要而展开，把现实中需要解决的实际问题当作科研选题的重点。二是学院拟给科研带头人增加工资，以此调动科研人员从事科研工作的积极性。三是科研经费由政府下拨并合理使用。在经费的使用上，学院将积极支持那些能够为政府决策提供服务的科研项目。

五、德国养老服务业人才市场需求分析

1. 人才需求现状

德国的法定退休年龄是 65 周岁，不同于我国养老主要

依赖子女的方式，德国的老年人养老主要依赖福利机构。因此，德国养老护理行业对养老护理人员的需求很大。截至 2017 年，德国的养老护理人员超过 100 万人，在总人口中所占比例不高，在养老机构和居家养老领域仍有较强的需求。良好的职业技能和扎实的基础知识是德国的养老护理人员的素质特征，与此同时，养老护理员也能够在工作中独当一面灵活解决各种突发事件。人文关怀的理念贯穿了德国的养老服务的全过程，护理人员在工作过程中，必须充分认识到老年人是独立的个体，以老年人的自我意识、身体需求和心理诉求为基础，充分做到以老年人为本。

德国的护理教育和其他国家有较大的差别，但其护理人才培养教育的历史非常悠久，超过 160 年。德国的护理教育涵盖中专、专科培训和大学本科等 3 个层次，其中中专教育是德国护理教育的主体。

全德范围内，2017 年有超过 2.5 万个养老护理人员岗位空缺，其中养老护工缺口为 1.5 万人，医疗护工缺口为 1.1 万人。德国联邦议会绿党党团主席 Katrin Göring-Eckardt 表示，在养老护理领域，德国正面临着真正的专业人才危机，并呼吁德联邦政府应尽快出台全面的养老护工规划，填补该领域的岗位缺口。

2. 人才招聘情况（案例）

德国的养老护理人才需求大，缺口也大。下面以我国一家劳务派遣公司的"赴德国养老护理员招生简章"为例，来看看德国养老护理人员的大概情况。

一、招生条件

1. 年满 18~40 周岁，男女不限，有赴日经历的研究生优先。

2. 护理专业或从事护理工作及护士人员，具有护士执业证书、外语基础者优先（德语、英语）。

3. 无犯罪记录，无未了结的刑事和民事责任。

二、工资待遇（汇率：1 欧元 =7.5 元人民币）

1. 养老护理人员的实习期为 3~12 个月，养老机构实习可获 2 000 欧元左右（税前）（约合人民币 1.5 万元）。

2. 正式入职后税前工资为 2 500~2 800 欧元（税前）（合人民币 1.9 万~2.1 万元）。

3. 每天工作 8 小时，每周休息两天，保险由单位缴纳，医疗免费。

4. 每年有一个月带薪休假，可回国探亲，也可畅游欧洲。节假日工资翻倍，如圣诞节工作可获得 300% 的工资。

三、申根签证，欧洲免签

欧盟 15 个国家成立了"申根国家"，凡外籍人士持有任何一申根国家核发的签证，即可自由出入其他欧盟国。

四、办理流程

1. 中心面试。

2. 报名缴费，国内德语培训。

3. 国内德语培训 6~8 个月（成绩优异者，可提前办理入境），通过 B1 考试同时进行出国手续办理。

4. 入境德国（入境后德语学习 2~3 个月，参加 B2 考试）。

5. 进入工作岗位。

五、德国蓝卡，德国规定工作满三年或者三年以上可申请长期居住，同时子女可以免费享受德国教育，满五年或者五年以上可申请入籍，享受德国一切福利待遇。

第二节　德国养老服务师资队伍的基本要求

一、学历要求

一名优秀的教师不仅需要了解诊疗护理常识，熟练掌握护理三级操作技能，而且要有很强的亲和力、沟通能力以及语言表达能力，具有高度的责任心、良好的职业道德、严谨的工作态度、较强的综合分析能力、敏锐的洞察力。同时，养老服务师资队伍需要较高学历的实践型人才，所以在师资队伍建设时就需要先从学历上进行选拔，以确保优质的师资队伍，从而能够更好地为社会服务。

具体学历要求如下：

护理专业大专及以上学历，并取得教师执业资格证。

具备教育心理学知识的能力，有较强的授课能力；最好有心理学方面的证书。

一名优秀的教师并不只是会教授学生课程，还应该懂得学生的心理，特别是护理行业，每一名老师都应该注重学生的心理教育，以期教育出合格的、优秀的护理学生。

具有护理临床经验或护理教学、管理经历。

在学历要求中，师资队伍建设也注重更有经验或者经历过护理教育教学的人才，因为有阅历的教师更有话语权。

在学历要求的前提下对每个人实行教师人品的考核，以此作为评价教师的参考标准。

学历对我们培养师资队伍至关重要，但是学知识之前应该先学做人，因此老师的品行和道德是重要的考核标准之一。

二、素质要求

养老服务师资队伍建设对教师素质的要求应该更加严格，因为这关系到以后社会服务的质量和口碑，因此在建设、培养师资队伍时需要教师有顺利从事教育活动的基本品质和基础条件。教师在其职业生涯中应遵守基本的行为规范和行为准则，也要在此基础上展现出更好的观念意识和优秀的行为品质。其中，最重要的品质之一就是师德，这是师资队伍建设的核心，也是教学质量的保障。

素质要求包括以下几个方面：

1.具备良好的文化素质

一个合格的养老服务护理教师应该掌握较丰富的护理学基础理论知识和专业知识。由于现代护理学发展很快，护理知识不断更新，护理教师原来的专业知识远远不能满足现有教学的需要，这就需要护理教师在掌握丰富的护理学基础理论的同时，不断拓宽自身的专业知识层次结构，把握当今护理教育的发展趋势及先进技术。广博深厚的科学及文化知识是护理专业教师应具有的文化修养,是护理教师掌握护理知识的基础。养老服务护理教师只有掌握了广博深厚的科学及文化知识才能满足学生对知识的渴求,才能培养出更好的护理人才。

2.具备良好的职业素质

护理教师应能正确认识护理工作的重要性和自身的价值,应对护理教师这一职位充满热情,工作态度要端正,必须具有高度的责任心和奉献精神。因为良好的职业素质直接影响着教学质量,在培养护理人才中起着举足轻重的作用。

3.具备良好的心理素质

良好的心理素质不仅有助于护理教师自己积极有效地工作,而且还直接影响学生人格的健康发展。护理教师应理解学生与自己有不同的见解和看法,与所教学生和睦相处,并要善于发现和了解学生的各种困难、需要和情感,敏锐地观察分辨学生对教学的理解水平与需要水平,根据学生的外部表现判断其内在体验、疑难所在及情绪状态。

4.具备较高的教学能力 教学能力是临床护理教师应具备的基本能力之一,可分为教学认识能力、教学操作能力和教学监控能力三部分。教学认知能力是教师对所教学科的概括程度,以及对所教学生心理特点和自己所使用的教学策略的知觉程度,它是整个教学能力结构的基础。

教学操作能力是教师在教学中使用策略的水平，其水平高低主要表现在如何引导学生掌握临床知识及运用多种策略解决问题上，如制订教学目标的策略，编制教学计划的策略，选择和运用教学方法的策略，教学材料和技术设计的策略，教学测评的思路等。教学操作能力是护理专业教师教学能力的集中体现。

教学监督能力是临床护理教师在教学中为保证所教学生达到预期目的而不断进行积极主动的反馈、调节和控制的能力，临床护理教师在带教中只有不断提高自己的教学能力，才能保证教学质量。

三、从业经验要求

俗话说得好：走到哪学到哪，活到老学到老。从业经验是很重要的，有从事过实践工作的经验，更有能力去处理可能发生的各种问题和特发事故！所以在建设养老服务师资队伍的时候应该注重教师的从业经验。

其主要要求有以下几个方面：

1. 初级教师（具备以下条件之一者）

经本职业初级正规培训达规定标准学时数，并取得毕（结）业证书。

在本职业连续见习工作 2 年以上。

2.中级教师（具备以下条件之一者）

取得本职业初级职业资格证书后，连续从事本职业工作3年以上，经本职业中级正规培训达规定标准学时数，并取得毕（结）业证书。

取得本职业初级职业资格证书后，连续从事本职业工作5年以上。

取得经劳动保障行政部门审核认定的、以中级技能为培养目标的中等以上学校本职业（专业）毕业证书。

3.高级教师（具备以下条件之一者）

取得本职业中级职业资格证书后，连续从事本职业工作4年以上，经本职业高级正规培训达规定标准学时数，并取得毕（结）业证书。

取得本职业中级职业资格证书后，连续从事本职业工作6年以上。

取得学校或经劳动保障行政部门审核认定的、以高级技能为培养目标的高等职业学校本职业（专业）毕业证书。

4.专职教师（具备以下条件之一者）

取得本职业高级职业资格证书后，连续从事本职业工作5年以上，经本职业技师正规培训达规定标准学时数，并取得毕（结）业证书。

取得本职业高级职业资格证书后，连续从事本职业工作8年以上。

取得本职业高级职业资格证书的学校本职业（专业）

毕业生，连续从事本职业工作 2 年以上。

从某种程度上来讲，经验对护理教师的教学和发展起着举足轻重的作用。

四、其他要求

一名合格、优秀的护理教师除了需要具备以上的素质之外，为了增强养老服务护理教师的教学质量，师资队伍的建设还需要满足以下条件：

1.树立正确的价值观，培养高尚的道德品质

护理教学负责人员应定期组织专题学术讲座，讲解新时代养老护理的基本素质要求，使教师正确认识自己的社会价值，树立正确的人生观和价值观，树立为护理事业献身的崇高思想，做到自尊自爱、自强自信。护理教师应不断加强个人修养，以身作则，因为护理教师不仅是知识的传授者，也是学生的道德榜样。良好的职业道德、严谨的工作作风、高度的敬业精神是养老护理教师对学生最好的教育。

2.掌握扎实的理论知识及精湛的临床技能

养老护理教师不仅要有丰富的基础医学知识、基础护理学知识、临床护理学知识，还要不断熟练掌握本学科的新知识、新技术及人文社会方面的知识，使自己的知识结构向精深的方向发展。只有这样才能在临床工作中做到运

用自如，以渊博的知识、高深的理论、独到的见解，指导和帮助学生将对具体护理工作的感性认识上升为理性认识，并通过实践，使理论知识得以巩固。

养老护理教师在授课前进行集中培训，主要内容有：先进的护理理论、护理程序的应用、规范的护理操作、正确的带教方法、实习计划的开展、考核项目的考评、护理发展的现状和趋势。养老护理教师应积极参加继续教育，取得较高文凭，并到高级医院进修，学习先进的理论知识和技能，加强沟通表达和分析的能力。

总之，高水准的护理教师才有最大的可能教育出最好的养老护理学生，才能更好地为社会服务，更好地达到社会对护理学生的要求。

第三节　德国养老服务师资队伍的培养

（一）培养的目的

从护理教师的素质能力、工作成绩两个维度确定培养的模式和发展的标准，把护理教师培养成为全能型的、具有可持续发展能力的现代化教师。以具有完备的专业知识结构，过硬的教学基本功，全面娴熟的教学技能，很强的教育教学实践能力，具有现代化、教育科研、教学改革意识和素养为标准，逐步促进护理教师的成熟度，使其尽快成长、成才。同时，为防止单纯训练教学基本功，只培养提高教学成绩的机器，应确立培养综合素质和能力，促进专业化可持续性发展的现代教师培养和发展理念。

（二）培养的目标

对护理教师的培养，目标是让他们在政治思想素质、业务水平、工作能力等方面均能适应教学需要，培养他们有良好的职业道德和敬业爱岗精神，在较短的时间全面熟悉各教学环节，掌握教学规律，并能独立、较好地完成教学任务，逐渐成为教学骨干和教学带头人。

（三）专职教师的校方培养

德国养老服务师资队伍建设层次清晰，主要分为初期培训、继续护理教育和学位教育，不同培训层次对于护理教师的培养方式与要求存在差异。

初期培训是德国护理培训的主要形式，要求护理教师必须完成两年的基础培训，课时不少于 2 000 个培训学时。其中，理论课 900 学时，实践课 1 100 学时。而主要为原来培养专业教师的继续护理培训，由于其资格由地方政府确认，故而在培训要求方面不同地区存在一定差异，主要分为脱产与在职两种方式，其学时要求较短，为 1 000 课时，其中理论课 600 课时，实践课 400 课时。培养高水平护理教师的学位教育，根据是否为大学水平进一步细分为 1 年制全脱产大学学位教育和 2 年制全脱产非大学水平学位教育。

德国对养老护理教师的培养，同样也是采取理论与实践相结合的模式，实行培训中的理论课程与养老院实践课程相结合的双轨制。护理教师在学习心理调适、法律知识、医学专业知识、老年人居室设计等理论知识的同时，还需要在护理机构，采用学徒制的形式进行实习实践，每一位护理教师至少有一位资深的护理人员指导。护理教师在培训过程中，需要认真完成每一次安排的测验，培训指导老师将根据其平时测验成绩和表现为其实践情况打分。相较于日本的护理培训，德国的培养要求更加严苛，对于参加护理资格考试的人员，可以参加最多两次不同时间段资格考试，如第二次仍未通过，将不再具备考取护理执业证书的资格。通过考核的人员，将获取权威机构颁发的欧盟国家均认可的护士执业许可证。

另外，还可以通过以下措施对专职护理教师进行培养：

目标导向。服务于幸福社会、幸福养老、老有所养等社会问题，养老服务行业人才紧缺等缺口问题，养老服务行业师资队伍培训等问题，分类明确教师示范培训计划、提高护理学校课程质量、创建护理教师乃至护理人才的长效机制。护理教师在校方的培养下应该以目标定任务，以目标评绩效，以目标抓落实，从而真正落实培养优秀的师资队伍的目标。

质量为重。紧紧围绕提升护理教师素质能力这一中心任务，创新培训内容、培训方式以及工作机制等，不断提升护理项目实施质量。强调护理教师资质要求，择优遴选国家级师资队伍。加强专家视导和培训专家团队建设，为师资队伍建设项目实施提供专业化咨询和指导。分层分类按需施训，合理选择培训方式，提高护理教师培训的针对性和实效性。

管理增效。明确国家专项支持与地方统筹实施的职责任务，完善分工合理、责任明确的师资队伍培养管理体系。组织开展项目需求调查，根据护理院校和教师的实际需求，明确项目设置、培训计划人数、经费支持标准、培训形式内容、学时（学分）要求等。实行师资队伍建设信息化管理，对师资队伍培训的申报、基地遴选、项目评审、学员选派、培训实施、检查指导、经费监管、总结评估等全过程进行管理，保证项目实施环节规范有序，切实提高国家级师资队伍项目的管理水平。

优化项目设置。在师资队伍的建设中，要针对专业带头人、骨干教师、青年教师分层分类开展培训，实行集中脱产学习和网络自主化研修相结合的培训模式，增强针对性和实效性。模块化设置培训课程，将师德素养、工匠精神、"双创"教育、养老服务管理等列入培训必修内容。

完善体系建设。护理院校专兼职教师队伍建设需要地方政府、行业组织、护理院校多方协同联动。要充分发挥国家级、州级护理教师师资培养培训基地和优秀护理教师的导向作用，加强"双师型"教师培养培训。组建专业化培训专家团队，建成教师教育优势特色专业和优质课程资源，构建国家级、州级、校级共建的教师专业发展支持服务体系。

开展绩效评价。要全方位、系统化设计项目绩效管理制度，包括护理教师管理平台建设，完善考核评价机制，制订评价方案与标准，督导检查与绩效公示制度等。

除传统的培训教育模式以外，德国在养老护理教师培养方面也投入了相当大的精力。而且德国有大量养老护理人员培训机构，满足了众多想要学习养老护理知识的人员的需求，也方便了很多中小型养老机构养老护理人员的培训提升。同时，许多实力雄厚的大型养老企业，甚至开设了自己的培训学校，不仅培训自己的员工，也接收社会成员进来学习。

多样化的养老护理人员培养方式，不仅能够为德国社会持续稳定地培养大批具有多元化专业知识的理论与实践相结合的专业人才，也能不断鼓励挖掘出德国社会存在的潜在护理人员，壮大养老护理人员的队伍。

（四）专职教师的校企联合培养

德国许多护理院校在养老服务师资队伍建设上都面临着一定的困难和压力，如何发展壮大师资队伍、怎样更好地提升师资队伍质量，成为护理院校实现可持续发展必须重点解决的问题，是学校工作的重中之重。经过实践摸索，除了建设校本培养与培训教师体系，校企合作联合培养与培训教师也是一种极为有效的模式，也是一种重要途径。

校企合作联合培养教师的模式呈现多元化的特点，探索创新培养模式、提高教育质量显得尤为重要。通过现代护理教师培训项目的实施，学校可以利用合作企业这一平台，有针对性地对校方专任教师制订培训计划，可以从以下几方面着手实施：

1. 出台具有激励性的政策，鼓励教师到企业锻炼

现代护理教师培训项目能否有效实施，很大程度上取决于机制政策。因此，学校要出台真正激励护理教师积极到企业锻炼的政策，如给予护理教师一定的补助、计算教

师工作量等，切实解决教师下企业锻炼的后顾之忧，让他们主动下企业。对于在企业脱产实习的教师，要制定政策，保证其待遇起码要和在校教师一样，甚至要高于在校教师，同时要对顶岗实习教师下达相应的工作任务，保证顶岗实习物有所值。学校的管理部门应该考虑教师企业顶岗锻炼也是工作，并且同意老师可以把课程建设任务带到培训企业，与企业的培训师傅一起探讨课程改革问题，收集教学素材。

2. 与合作企业洽谈，提供机会促进教师成长

学校应与相关企业合作培养护理教师，打造更有培训目的的专业培训。学校可以与企业洽谈，让企业委托学校项目教师与企业培训师傅共同制订护理教师培训项目班的课程标准，编写教材及其相关教学资源，同时做一些企业的员工培训项目。对开发出来的资源，企业邀请相关专家进行评定与验收，达到企业要求的话，企业给予教师补助。同时要求项目团队专任教师参加企业员工培训实践大赛，这样就给团队教师一定的压力和动力——必须想尽一切办法提高企业实践操作能力。院校之间可以借鉴彼此经验，与合作企业商量，多提供一些机会促进教师成长。

3. 学校制订科学的考核机制，推动教师尽快成长

护理教师不但要有专业理论知识，而且要有实际操作的实践能力。在现代护理教师培训中，企业培训师傅与受

培训护理教师接触更多，护理教师在培训企业学习实践知识，与企业培训师傅沟通，真正了解社会需要怎样的护理人才，做到目的性教育教学。

教师在企业接受培训，知道护理行业所需的基本知识以及专业课程里面需要增加的内容，可以与企业师傅一起对专业核心课程进行共同开发，将企业一些真实的案例融入实践教学内容里，加强专业知识的实用性。教师在企业锻炼，与企业人力资源部门进行沟通，了解企业的文化，以及企业会怎样培训一名合格的护理教师或是护理学生，将行为举止、道德修养等方面的学习内容加入人才培养方案，为培养合格的实践性、有责任心的护理教师打下基础。

（1）国家调整护理教师职称评审机制，引导教师向双能型教师发展。教育主管部门要针对院校制订单独的专业技术职务评审办法，突出护理教师的专业实践能力方面的考评。同时尽快出台一些培训政策和要求，可以考虑从专业知识与专业发展能力、护理实践与护理教学、教育教学与工作业绩等方面构建指标体系，突出护理教师的培训实践经历和能力要求。同时学校也要配套国家政策出台符合自身特点的教师绩效评价标准，绩效工资分配适当向"双能型"教师倾斜，引导教师自觉向"双师双能型"教师发展。

养老服务师资队伍建设应该在借助教育部大力推行现代护理教师培训试点项目的同时，结合培训过程中的实际情况，在实施现代护理教师培训项目试点的过程中，在满足社会对护理老师要求的同时考虑培养专任教师的实践动手能力，实现教师由"双证型"教师向"双师型"教师转变。

（2）营造校企合作联合培养教师的良好氛围。选择优秀企业协作，成为高水平教师培养的新阵地，选择企业一要考虑是在本地区行业内具有先进性代表的优秀企业，要具有一定规模，拥有良好的企业文化；二要考虑企业与学校所设教学专业是否相适应，便于校企合作的实施；三要考虑企业是否重视教师教育培训。

（3）制订和完善有利于教师培养的政策和制度。护理院校应在校企合作中发挥主导作用，主动与企业沟通，让企业意识到要想培养有质量、层次较高的护理教师，学校和指导教师是关键，使企业愿意参与到护理培训中来，共同探讨培养与培训教师的相关政策与制度，形成长效机制，缩减企业的教师培训成本，双方互相提供教育服务，开拓创新，实现共赢。

（4）搭建校企合作联合培养教师的平台。成立校企合作委员会，委员会由企业负责人、企业专家与学校负责人、专业骨干教师组成，定期或不定期开展活动，研究养老服务师资队伍培养培训与校企共同发展的重要问题，制订校企合作规划和计划，及时解决合作过程中遇到的问题，指导和推动校企合作工作的开展。

（5）校企共建战略合作伙伴关系。校企双方组织协调高层次的合作，使合作内容全方位、合作方式多元化、合作机制长效。学校成为合作企业师资队伍的培训中心，企业成为学校的教师实训基地、课题开发基地、教师进修基地。校企双方形成资源共享、优势互补、共同发展的合作格局。充分发挥企业在师资队伍培养等方面的优势，将学校理论优势和企业实践优势两者紧密结合。

（6）校企共建技能人才培养培训联盟。由校企双方共同发起，学校将企业理念、企业文化、企业管理融入师资队伍建设全过程，使企业成为信息交流与资源共享中心，全面推进师资队伍培训与企业在教师培养培训等方面的交流合作。

（7）校企共同培养培训师资。教师到企业接受专业的培训，去社会真正参与实践，学校制订教师到企业接受培训的具体计划和要求，定期安排教师进企业培训，参与实践，制订相应的激励措施，形成制度，突破师资培训"从学校到学校，重理论轻实践"的传统模式。企业以"安排教师进企业实践"为己任，促进护理院校和企业的合作，加强对护理院校专业设置与社会需求对接性的研究，科学合理地安排教师接受培训，分批分期安排、接待教师进企业接受学习培训，从而更好地服务学生、服务社会、发展自我，培养既懂理论又了解企业运作的"双师型"教师队伍，为培养服务型人才提供保障。

（五）兼职教师队伍培养

养老服务师资队伍建设中兼职教师队伍建设的必要性如下：

1. 社会对护理教师的需要

德国在关于养老的各项政策措施中，对护理教师的培训作出了明确规定：要大量聘请行业企业的专业人才和高技能护理教师，到学校担任兼职教师，逐步加大兼职教师的比例，逐步形成实践技能课程主要由具有相应高技能水平的兼职教师讲授的机制；教育部在护理学校及教师的评估中要求，护理院校兼职教师的比例要达到 20% 以上，对这部分外聘教师也纳入本校教师的管理。由此可见，护理院校兼职教师队伍建设是护理院校教师队伍建设的重要组成部分，也是社会对高质量护理老师的需要。

2. 校企合作、工学结合的需要

建立兼职教师队伍，是护理院校面向市场办学，走校企合作、工学结合之路的需要。护理院校是一种与市场联系最密切、对社会影响最直接的高等培训类型，护理院校的性质，就是要为社会培养更多的养老服务专业护理人才，因此必须随时随地与行业、企业保持联系。要做到这一点，一方面，护理学校要做好市场需求的调研；另一方面，院校必须从社会该行业、企业聘请大批护理培训师傅、管理人员充当兼职教师，通过他们了解专业及相应技术领域的发展动态，了解市场岗位需求，使教学能紧密结合岗位实际，更贴近岗位工作现实。同时，这对于"准职业人"的护理学生了解社会、提高实际工作能力、快速适应工作岗位也是非常必要的。

3. 优化教师结构，保证教学质量的需要

护理院校发展速度很快，至今已撑起了社会护理人才的半壁江山。由于专业发展快，原有的专业教师明显不够，新进的教师很多是刚毕业的大学生或研究生，缺乏一线的工作经历，实践能力不足，造成学院的"教学能力"不足。解决的办法是根据开设的专业，从本院校的行政管理人员中或从其他院校和企事业单位，聘用专业水平较高且有丰富实践经验的人员担任教学工作，以弥补学院教师和"教学能力"的不足。

兼职教师与专职教师相比，有着不同的生活背景和学术风格，特别是从企业聘请来的兼职教师，他们市场观念极强，注重实际应用，为教师队伍注入了新的生机和活力。同时，兼职教师队伍的存在，一方面表示学院对教学的重视，另一方面在客观上对校内专职教师构成一定压力，可以增强教师的竞争意识，有利于教师创造性地开展工作，从而营造出健康活泼、奋发向上的良好氛围，形成符合高职教学团队结构要求的"双师型"教学队伍。

4.提高办学效益的需要

通过兼职教师队伍的建设，一方面，护理学校可为社会提供理论够用、适合社会对养老服务行业护理需要的优质教师资源，并培养出优秀的养老护理人才，减少学校直接从社会招聘时产生的问题（如培训等），让学校从中受益，产生较大的社会效益；另一方面，护理院校实训教学内容多，场地、设备等要求多，相应的办学成本较高，同时开设的专业又必须紧贴养老市场的需求，而市场变化快，调整多，从教学成本来考虑，聘用兼职教师与因专业设置或课程调整而引进大批专业教师相比，其运行成本远远低于专职教师，有利于提高护理学院的办学效益，弥补学院办学经费的不足。

5.促进兼职教师的教学、科研能力提升

要定期开展示范课讲授和说课活动，组织兼职教师参加教学观摩，通过示范与观摩，提高兼职教师的教学能力和课堂教学质量；要组织兼职教师参加社会实践及护理教育培训。

21世纪以来，德国老龄人口发展迅猛，失能老人、失智老人、空巢老人、高龄老人不断增多，专业化、个性化养老服务需求日趋增加，养老服务面临劳动力"断层"和需求"壕沟"之间的巨大差异。与此同时，养老从业人员呈现社会地位低、流动性高，收入待遇低、劳动强度高，学历水平低、平均年龄高等"三低三高"特征，与加快发展养老服务业发展要求不相适应，与日益增长的养老服务需求不相适应。因此，增强养老服务师资队伍建设，从而带动加强养老服务人才队伍建设，对于缓解德国养老服务人才短缺、提高养老管理服务水平、加快养老服务业发展具有重要意义。为此，有必要按照"政府引导、分类培养、互通互认、规范管理"的思路，以推进养老服务人才专业化、职业化发展为目标，进一步建立健全养老服务人才吸引培养、职级晋升、登记注册、教育培训、薪酬待遇、激励评价等机制制度，努力打造一支规模适度、结构合理、素质优良、尊老敬业的养老服务师资队伍，为养老服务业的快速发展奠定坚实的人才基础。

第四节　德国养老服务师资队伍的特点

一、德国养老服务师资队伍建设的特点

1."双元"的师资结构

众所周知，德国的职业教育"双元制"模式的最大特点就是将企业与学校两种资源与环境在技能型人才培养中的优势发挥得淋漓尽致，学校负责理论传授，企业负责实践操练，而且相互协调沟通，将教学与生产紧密地结合起来，这也是德国职业教育最具特色，也极为成功的一个重要原因。这种模式下的师资队伍必然也是双元的，即拥有职业学校教师和企业技术人员两支队伍，学校教师进行理论传授，企业技术人员指导实习实训，充分发挥了各自的优势。这一支真正的"双师型"师资团队，成为德国职业教育快速发展的人才保障。

反观我国，高职院校师资队伍结构是一元制——只有学校师资队伍，学校专任教师既负责理论教学，又负责实践指导，缺少了企业技术人员的参与。尽管多数高职院校都从行业企业聘请了兼职教师，但数量极少，水平不高，没有发挥企业技术人员在高技能型人才培养中的作用，这是影响我国高职人才培养质量进一步提升的一个重要原因。

2."双师"的准入制度

德国有严格的教师准入制度，尽管不同层次、不同类型的教师资格准入制度的内容截然不同，但都有严格培训与考试，合格方可颁发相应的教师资格，具有极高的权威性。在德国，职业学校的教师分为理论教师和实训教师，但无论哪一类教师，都要求其具备理论与实践的双师素质。简言之，在德国要成为职业学校教师，必须经过两个阶段学习，通过两次国家考试，具备两种职业素养。两个阶段学习指要经过职前和职后两个阶段的学习；两次国家考试，指经过4~5年的职业教育师范本科学习后通过第一次国家考试，通过后经过两年见习期还要通过第二次国家考试；两种职业素养，一是理论素养（包括所从事专业和教育学心理学），二是两年的实际工作经验。不难看出，德国职业学校教师的准入制度是极其严格的，既要有相关理论知识，还要有企业工作经验，是典型的"双师"准入制度。

当前我国高职教育的教师也有准入制度，必须具备高校教师资格，但其与普通高校教师资格的内容要求完全一致，缺乏高职教育的特色。只要具备一定的学历，通过教育学、心理学和教育法三门理论课的考核，担任一定的教学任务，即可申请高职教育教师资格。很明显，准入制度中没有对实训指导能力、服务企业的能力与工作实践经历等内容的考核。严格来讲，这种准入制度下的高职教育教师并没有真正具备高职教育教师岗位所要求的能力与素质。

3. 健全的制度法规保障

德国双元制职业教育能取得成功，主要归功于其健全的法规政策体系，这在职业教育师资队伍建设中也得到了很好的体现。在德国，除了联邦政府颁布的《职业教育法》这个基本法以外，联邦政府及各州政府还颁布出台了《教师培养教育法》《培训员资格条例》《实训教师资格条例》《职业学校教师培养框架协议》等多项职业教育师资培养培训法规，这些法律法规对教师的培养与培训有明确要求，对职业教育教师的资格准入与培养培训有严格的规定，为德国职业教育的师资队伍建设提供了健全的制度保障。

在高等教育领域，我国近年来颁布了一系列法律法规，如《中华人民共和国高等教育法》《中华人民共和国教师法》《中华人民共和国职业教育法》《教师资格条例》等，在一定程度上推动了我国高等教育与高职教育的发展，但尚不健全，尤其是关于高职教育的相关法律法规缺失较为严重，如职业教育教师的资格准入、"双师型"教师的认证、行业企业的职业教育义务与职责等，导致"双师型"教师认证的不统一、行业企业在职业教育的师资队伍建设中的缺位，成为影响我国高职教育师资队伍建设的主要因素。

4. 完善的继续教育与在职培训体系

在德国，职业学校的教师除了要经过严格的岗前培训与考核外，从业期间还要定期接受继续教育，以保证其拥有最新的技术与知识，这样方能培养出满足社会需求的技能型人才。如《教师培养法》明确要求职业教育的教师必须不断接受新技术、新知识和新规范的继续教育，各州针对继续教育均有系统的激励措施、具体的操作办法和进修内容。另外，为保障继续教育和在职培训的质量，德国非常重视继续教育系统和培训人员队伍的建设，既组织了一支高水平的职业教育教师培训者，也建立了涵盖州、地区和学校的三级职业教育教师培训机构网络，各州均设立专门的职教师资培训机构，为广大企业和职业院校的教师提供完善的继续教育和在职培训，为德国职业院校的教师专业化发展提供了完善的培训体系。

当前我国高职教育也较重视教师的继续教育和培训，如在"十二五"期间，中央财政拨款实施了国家培训计划（包括国家骨干教师培训和企业顶岗培训），各省在此基础上配套实施了省级培训计划，对职业院校的教师进行专业的在职培训，各高职院校也组织了数量可观的校本培训，基本构建了国家—省—校三级培训网络。但我国职业院校教师的培训还存在诸多问题，如缺少法律层面的支持，随意性较大；行业企业参与较少，职业性不强；理论培训居多，实践技能培训较少，难以满足职业院校教师继续教育的需要，不利于"双师型"教师的培养与成长。

5. 行业企业的全面参与

在德国，不论职业院校教师的资格准入培养与考核，还是职后教育与培训，企业和行业都全面参与，并扮演重要角色。《职业教育法》明确规定，行业企业不仅直接负责职业院校学生的实践教学，还必须承担职业院校教师的培养，为职业院校教师的实践与锻炼提供便利，这保证了职业院校教师企业实践的经常性，有利于教师掌握行业企业最新的技术技能需求，保障了职业院校教学内容与企业需求的零对接。如德国的职业教师培训进修机构（教师培训学院和职教师资培训基地）与企业的联系非常密切，行业企业直接参与职业院校教师的培养和继续教育，企业全面参与职业教育的师资建设，既能让职业院校教师提高实践指导能力，掌握行业企业的最新知识与技术，并将其运用到教学中，实现人才培养的无缝对接，还能为行业企业解决技术难题，真正实现校企双赢。

经过近几年的改革与努力，我国高职教育的校企合作取得了一定的发展。但总体来看，由于制度的缺失，行业企业参与高职教育的积极性依然不高，在职教师资建设中的作用更是微乎其微。由于行业企业的不积极，当前专业教师的企业实践普遍流于形式，无法接触到最新的知识与技术，难以参与行业企业的科研项目，对本行业企业的走势与发展知之甚少，既不利于职业院校"双师型"师资队伍的建设，也影响了高技能型人才的培养质量，无法满足社会需求和行业企业的需要。

6. 跨行教师数量增多

跨行教师是指来自其他行业的专业技术人员经由转行与入职培训跻身教育行业的教师。作为德国基础教育政策最高决策机构，德国各州文教部部长联席会议 2015 年发布数据，显示当年招聘的 32 636 名教师中约有 1 500 名是跨行教师，占总数的 4.6%。

2017 年，德国跨行教师占比呈几何级增长。在萨克森州、柏林市和勃兰登堡州，跨行教师在新聘教师中的占比竟然高达四至五成。全国均值在 10% 左右，比往年翻了一番。

跨行教师在德国并非新鲜事物。自 2009 年 4 月《下萨克森州公务员法》修订引发各联邦州公务员法修订潮以来，师范教育和第一次国家考试证书陆续不再成为通往教师行业的独木桥。近年来，师资短缺严重困扰德国中小学校。在本学年开学之际，德国大部分联邦州都有大量教师职位空缺，小学教师紧缺尤甚，全国目前的教师缺口约在 45 000 个。在职教师一旦因病因事请假，无人可以代课，因此学校被迫停课、合并班级甚至削减学科等现象时有出现。

而且，教师短缺的危机具有持续性。一方面，现任教师年龄偏大，近半数教师超过 50 岁。从 2010 年起，退休教师人数逐年递增，仅 2015 年就有 27 900 名教师退休。此外，相比其他行业，教师患有身心倦怠等精神问题的比例高出 10%，由此拉高无法胜任工作而提前退休的比例，这对教师"退休潮"起到推波助澜的作用。另一方面，德国出生率提高，移民未成年随迁子女，以及未成年难民导致中小学生人数不断增加。预计到 2025 年，德国小学生数量会从 2015 年的 280 万名增加到 320 万名，初中生人数会从 410 万名增加到 450 万名。

为此，德国政府采取多种应急措施，如返聘退休教师、从文理中学借调教师、从其他类型教育机构"挖人"、缩短见习期和降低录取标准等。巴伐利亚州甚至在教师招聘中降低教师资格考试均分要求。因所需培养时间相对短、专业素养相对高、工作潜力相对大，跨行教师成为德国应急措施的首选。

德国中小学校正规教师需要在大学完成师范教育，之后参加第一次国家考试，通过后进入见习期，并在两年后参加第二次国家考试，通过之后才可以持证上岗。这一流程通常至少需要 7 年。而未满 35 岁的跨行教师凭借相关专业的大学学历以及一定的非正规的或体制外的教学经历，即可申请见习教师职位。

为了让跨行教师更好地适应新岗位，学校为他们提供入职与在职培训。进入见习期的跨行教师平均每周须额外接受 9 个小时的培训，学习内容以教学法为主，学会如何准备课程，如何应对课堂意外事件，如何与家长沟通等。这一阶段的跨行教师须承受巨大压力，平均每周工作时间长达 50 个小时，不仅要承担教学工作，还要定期听课，接受培训和考试。两年后，跨行教师与科班出身的见习教师共同参加第二次国家考试，通过后即可正式跨入教师队伍。

但德国教育工作者工会对跨行教师持保留态度，视其为一种缓兵之策。但万全之策不啻为按教育发展所需培养适量的合格年轻教师。教师的后备人才储备需要提前 5~8 年展开，其前提条件是对未来教师需求量的准确预判。

难度恰恰在于预判，仅德国各州文教部部长联席会议和权威专家对 2025 年学生总数的预测就相差百万。一方面，从出生人口的数据大致可以推算未来的学生数量，但德国的出生人口经常经历大的波动。比如 2016 年的新生儿就比 2015 年多出 5 万名。另一方面，由欧盟人力资源跨境自由流动所造成的外来务工人员未成年随迁子女、移民未成年随迁子女，以及未成年难民，这三个群体的人数既难以估算，更难以预测。

另外，德国人口流动性较大，而联邦制阻碍教师的跨州流动。此外，难民潮所制造的教师短缺让德国教育政策捉襟见肘。德国 2015 年接受约 30 万名适龄难民青少年，导致全国师资力量缺口高达 2.5 万名。即使 30 万名适龄难民青少年中仅 15 万名有希望获得长期居留权，德国也亟须在两年内配备 2 万名教师，当然，德国变幻莫测的教育政策也难以保证预测的准确性。

在 2015 年的所有跨行教师中，近 60% 成为 MINT（Mathe，Informatik，Naturwissen schaften and Technik）学科教师。然而，德国 MINT 学科师资力量每况愈下。有数据显示，到 2025 年，德国 MINT 学科教师存量还会大幅缩减，估计减量为目前的一半。根据师范教育现状和师资需求推算，8 年后，MINT 学科教师覆盖率将降到从生物学的 93% 到技术类的仅 21% 不等。为了解决师资短缺以及 MINT 学科的师范生辍学率较高的问题，德国电信基金会曾在 2011 年斥资 450 万欧元，以促进高等师范教育机构 MINT 学科教师培养。相比而言，在专业领域工作多年的跨行教师在学科知识方面和实践经验方面已具备很大优势，MINT 学科恰恰以应用性和体验性见长。因此，只要强化跨行教师质量保障机制，强化可持续的在职培训，那么，跨行教师既是对德国教师行业的补充，又是对教师职业和学生学习体验的丰富。

二、德国养老服务师资队伍建设的启示

1. 深化校企合作，搭建"双师"结构师资队伍

要提升高职教育的人才培养质量，必须充分发挥企业人才资源的优势与作用，这是职业教育的本质使然。德国

职业教育"双师型"结构的师资队伍，使企业技术人员直接参与人才培养，有效提升了高技能型人才培养的质量。校企的紧密合作是德国职业教育腾飞的根本。由于种种原因，我国高职教育的校企合作一直步履维艰，行业企业参与职业教育的积极性不高，企业技术人员直接参与人才培养的比例更是微乎其微。我国高职教育应该借鉴德国的经验，通过改革人事管理制度，深化校企合作，加大行业企业兼职教师的比例，逐渐实现学校教师负责理论授课、企业技术人员负责实训指导的人才培养模式，搭建一支由学校教师和企业技术人员共同组成的"双师"团队，仅仅依靠职业院校很难建立一支高水平的双师团队。

2. 健全制度建设，建立高职教育教师资格认定制度

德国职业院校教师有严格而完善的资格准入制度，培养和选拔规范而严格，保证了职业院校教师的质量与水平。在德国，只有最优秀的人才能成为职业院校教师，因为除了拥有一定的学历和专业知识外，还必须具备丰富的企业实践经历，熟练掌握专业实践技能。在我国，职业院校没有自己的教师资格认定标准，依然沿用相同层级普通教育的教师资格认定标准，没有对行业企业经历作严格要求，忽视了高职教育的特殊性，已经不适应我国高职教育的健康发展。国家和省级教育行政主管部门必须完善相关制度，建立符合高职教育特点的资格认定标准和程序，强化企业

实践经历，严格职业院校教师准入口径，从源头上保证高职教育教师的质量。

3.彰显职业特色，强化企业实践培训

德国有完善的职业院校师资培养培训系统、独立的师资培训机构以及专业化的职业教育教师培训者，这些都为职业院校教师提供了各种各类培训渠道和课程，有利于职业院校教师的专业化成长。目前我国高职教育虽基本构建了国家—省—校三级培训网络，也设立了各级师资培训中心，但随意性较大，理论培训居多，实践技能培训较少，职业性不强，难以满足职业院校教师继续教育的需求。我国应借鉴德国的经验，设立独立而权威的职业教育师资培训机构，成立专业化的培训队伍，强化实践培训内容，以彰显职业特色，不断满足职业院校教师的专业化发展与成长。

4.完善法律法规，提高企业的参与度

德国企业之所以全面参与职业教育教师培养，并非完全依靠企业的自律，而是法律法规的要求。德国中央政府和各州颁布了《职业教育法》《教师培养教育法》《培训员资格条例》《实训教师资格条例》《职业学校教师培养框架协议》一系列的法律法规，赋予了企业参与职业教育教师培养的义务与责任，如不履行将会受到重罚。我国企业参与高职教育的积极性一直不高，其根本原因是国家并未赋予其相关义务，单凭自律很难提高其参与度。我国各级政府及教育主管部门应借鉴德国的成功经验，通过完善法律法规，增加企业必须参与高职教育和教师培养的相关责任和义务，并通过税费减免进行补偿，以调动其参与高职教育的积极性，全面提升企业的参与度，助推高职教育"双师型"师资队伍建设。

第七章

德国养老服务校企合作与实践

第一节　德国养老服务校企合作模式的发展

一、关于"学习地点"的争议

　　1974 年，德国教育审议委员会在探讨教育改革问题时首次正式提出"学习地点"一词，将其定义为"在公共教育事业范畴内组织提供教育服务的正规教育机构"。它包括传播通用技能和职业技能的不同教育地点。"学习地点"在日常用语中常被等同于企业和学校，但它的范畴远大于此。学习地点可以是工位、教学车间和练习公司。兹默将职业教育领域的学习地点分为机构（企业、学校等）、组织（培训车间、工位、教室、学习岛）、人员（企业教师、学校、教师、客户）、教学（能力、动力、责任等）和心理（引导学习、自组织学习）等五个维度。"学习地点"受到了学界从系统论和科学性角度出发对其承载力和适用性的质疑：学习地点概念的定义不严谨，既没有充分的实践支撑，又缺乏教育科学理论的证实；学习地点理论终将背离教育范式。

二、关于"合作"的争议

通常所谈的"学习地点合作"中的许多以"合作"为名的任务和问题其本质应属"协调"，如教学内容的协调、教学模式的协调等。尽管"学习地点合作"的概念界定并不严谨，却不影响它受到普遍认可和广泛运用。

三、校企合作的研究演进

传统的"学习地点合作"研究旨在寻找学校和企业间教学内容协商的方式。这一研究目标随着时间推移被不断地补充、完善、替代、重构。20世纪六七十年代，学习地点合作研究以"集中授课制"的引入为代表，用实证的方法探讨职业教育实践中的合作。慕尼黑西门子公司培养工业贸易专员所采用的"企业相关阶段课程"培训模式是集中授课的典型例子。学校和企业协商课程教学，培训按照企业的基本功能分成五个阶段，每个阶段学员都要先学习理论知识再了解职业实践；在职业学校进行一段时间的全日制集中授课后，再在企业接受一段时间的全日制指导。

教学层面上理想的合作目标是学校和企业间的"同步课程"，但实际运行中除个别学校和企业实施"协商课程"外，绝大多数仍是独立的"自主课程"。80年代，理论研究关注如何从成功的个案中提取要素，得出对教学内容和教学目标具有普适性的指导和标准。但因不同的培训职业、行业和经济领域的工作环境间的差异性没有得到足够关注，采用这种方式所得出的方案缺乏说服力，理论研究成果欠缺针对性，并没有取得预期效果。随后，"学习地点合作"的研究范畴进一步扩大，与职业教育变革的关联密切起来。90年代为解决职业教育如何适应新要求，职教体系如何进行现代化变革的问题，"学习地点合作"研究开展了大量关于校企合作的实证调查和试点研究。大批研究成果将学习地点合作与双元制的改革联系起来，认为学习地点合作是解决双元危机的重要途径。

　　"学习地点合作"在研究演进中体现出质和量的变化。首先，"质"上由理论与实践的严格区分走向统一和交融。与"量"的拓展相适应，校企合作在质上打破了学校理论教学和企业实践教学的樊篱，呈现出理论与实践一体化教学，行动和工作过程导向等特点。其次，"量"上由最初的学校和企业"双元"逐步发展为多元地点。以60年代传统的双元模式作为开端；70年代为满足中小企业培训需要出现了跨企业培训机构，它被视为双元的补充元素；80年代在工作领域出现了针对弱势群体的教育机构，学校领域

"职业专科学校"开始招收没有培训合同的学生；90 年代两德统一，企业以外的培训机构规模迅速扩大。进入 21 世纪，传统的双元职业教育体系不断地补充、重构、拓展，继续教育机构培训、全日制职业学校教育，甚至虚拟学习地点的出现都为校企合作注入了丰富多样的内涵。

四、学习地点合作模式内涵

学习地点合作关注教学、课程的时效性，采用多元化的合作形式，政府、机构与相关政策机制的支持适时、灵活。

校企通过不断优化学习地点间的交流质量，将教育过程中融入工作过程，一方面保障企业与学校元素的积极融合，另一方面减少企业工作过程中的干扰因素。

在学习地点合作中，校企通过改进制度和人员状况稳定并深化合作，从组织、文化角度理解企业、学校在合作教育及学校发展中的作用，开发地方特色的学习地点合作策略，完善企业教师和学校教师的措施，建设学习地点合作的信息和通信技术基础设施。

教育企业和职业学校间的合作已拓展为不同学习地点组成的网络合作。学习地点合作只有具备具体的合作内容才具有真正的意义，没有放之四海皆准的妙方，只有用建设性的思维根据具体情况做适合的选择。而面对学习地点合作是否可以制度化还是依赖于人际网络这一问题，尚无明确的答案。

1.学习地点之间的合作呈现出以行动为导向的四个层面

第一，务实规范层面。学习地点之间的合作是正式的、由上级或章程预先规定的。如各方必须共同遵守考试相关规定，除此之外没有其他合作目的。

第二，务实实利层面。合作为解决日常工作中的困难提供直接帮助。合作基础通常就是某个合作方的工作需求。

第三，教学方法层面。参与合作的人员需要理解职业教育的原理，并根据各自工作实践的需要明确在合作中使用的教学方法。

第四，教育理论阐释层面。教育理论阐释层面是对第三层面的补充。该层面基于教学方法，运用广泛的教育理论丰富了对合作的理解，并从中推导出适用于社会活动的合作目标。

2.学习地点合作的模式

第一，无合作模式。企业与学校在没有任何信息交流的情况下开展职业教育及培训。企业对学校的认知度极低，主要涉及手工业和贸易领域的小企业（雇员较少的企业）。

第二，间断性合作模式。根据《职业教育法》及《手工业条例》规定，企业与学校隶属于某工作组，校企合作多发生在工作组范畴内，如职业教育委员会和考试委员会等。考试相关信息的交流呈间断性状态。企业自主培训，与职业院校关联较少。

第三，问题导向合作模式。企业与学校的联系主要为解决教育、培训和考试方面的问题。

第四，常态化合作模式。这是德国养老服务校企合作的主要模式。学校和企业的经常性联系不再局限于解决当下问题，而演变成涉及教学方式方法的合作活动。企业教师和学校教师通过定期交流，共同开发和应用教学方案。德国养老服务教师往往在学校授课的同时也在企业上班，很多医学老师有自己的诊所，而同时医院的医生也是学校教授，承担教学工作。

第五，建设性合作模式。学校与企业在教学、组织等层面的合作得到进一步巩固，通过个别交流及跨地点工作组的定期合作实现双方的持续性合作。校企之间的密切合作带动培训项目的共同开展。

第二节　德国养老服务校企合作制度建设

德国通过一套有序的法律体系规范职业教育，横向关注行业、企业、学校、学生，纵向涉及联邦政府、各联邦州及各地方，形成以基本法为准绳，《职业教育法》为基础，规章、章程和协议、权威表述等具有不同法律效力的文件为内容的法律体系。

在德国，凡开展职业教育，必须遵循特定的法律规定和约束。其中最重要的当属重新修订后颁布的《职业教育法》。它是职业教育、职业准备教育、职业进修和转业教育等的法律基础，内容全面丰富、可操作性强，旨在保障职业教育专业、有序地开展。而隶属于经济管理法范畴的《手工业条例》，因针对手工业职业教育的内容，成为职业教育法的特别法。《手工业条例》主要规范在手工业企业开展的手工业活动、技师考试、职业教育和继续教育，以及手工业领域的自治等。就职业教育而言，《手工业条例》在内容上与《职业教育法》总体并无二致，但在行会考试和入学资格方面更多体现手工业行业的特色要求。保障职业教育参与主体青少年的《青少年劳动保护法》规范青少年的就业和职业教育，特别是未成年人的工作形式和工作时间，确保青少年在职业教育期间受到公平对待，享受应有的待遇，保障其身心健康和安全。关系到职业教育的具体内容，《教育条例》《教育框架计划》《框架教学计划》提供了可行的法律支持。联邦层面根据《职业教育法》为每一个教育职业开发相应的《教育条例》，详细描述该职业的名称、学制、职业能力和知识要求、考试要求等，《教育条例》也是企业制订教育计划的依据。《教育框架计划》是教育条例的常规组成部分，它以附录的形式粗略划分了企业教育的基本时间和内容。《框架教学计划》在教育内容和时间的规定上具有一定的灵活性。区别于《教育框架计划》，各州文教部长联席会议根据教育条例制定《框架教学计划》，以此作为职业学校教学的参照基础，《框架教学计划》并不规定具体的教学方法。各州可直接使用上述计划，或根据自身情况进行相应调整。

就校企合作而言，德国的专项法律并不多，即便在职业教育最重要的法律《职业教育法》中也仅第二条第三款直接呼吁"学习地点在实施职业教育时开展合作学习地点合作"。

一、《职业教育法》

1969 年颁布实施的《职业教育法》强调了职业教育学校和企业合作的重要性。2005 年，修订后的新《职业教育法》为学习地点合作提供了有限的法律依据，第一部分第二条规定各学习地点的所有参与者之间的合作，是职业教育的常态化任务。通过联邦和各州政府在政策层面的推动，行业企业协会及其他社会机构的协调，学校和企业不断探寻在平等关系下的对话方式，以实现通力合作。越来越多的人呼吁"双元合作制"，即学校和企业在真正平等的平台上合作的职业教育体系。

德国各联邦州拥有包括教育在内的文化主权，州内的各级各类学校包括职业学校均属于州级的国家设施，各州对其具有立法权和管理权。有关校外企业培训、企业内和跨企业的管辖和监督则是联邦政府的权限。联邦政府依据《职业教育法》和《手工业条例》等法律法规对其实施管理和监督。德国《职业教育法》第三条对该法的适用范围作了明确界定："德国各联邦州享有文化主权，故在学校内开展的职业教育不受联邦法律的规范。"与之相应，所有在职业教育学校实施的职业教育措施均从《职业教育法》中取消了。另外，德国《职业教育法》不适用于护理与健康领域的职业培训。健康与护理专业的培训主要在职业专科学校或其他类型职业学校进行，另有一部分实践培训在医院开展。这种规定一度引起了激烈讨论，即该职业领域究竟是纯粹的学校职业教育还是双元职业教育。后经法律裁定，所有护理与健康领域的职业教育均划归职业教育学校内部教育，不属于《职业教育法》管辖范围。另《职业教育法》在第一部分第三条第二款中进一步对以下三个领域的职业教育作了不适用的规定：在州高等教育法及高等学校框架法基础上以职业训练或可比的高等教育课程方式进行的职业教育；公法雇佣关系的职业教育（公务员、法官、士兵等）（不论其是在管理领域还是在工商业领域接受的职业培训，受聘于公法的雇主的雇员和工作人员均不受《职业教育法》约束）；按《国旗法》悬挂联邦国旗的远洋货轮上的职业教育，只要其不属于小型远洋作业捕捞船只或近海作业捕捞（海运航运的法律和事实特点与陆地上的职业培训相距甚远，故必须排除于职业教育法之外）。最后该法还明确了与《手工业条例》的职权划分。

二、《职业教育领域培训条例和框架教学计划协商协议》

1972 年联邦政府和各州文化部共同出台了《职业教育领域培训条例和框架教学计划协商协议》，这标志着学校和企业真正合作的开始。该协议强调了合作对职业教育的必要性，规定了《职业培训条例》和学校《框架教学计划》之间进行协商的流程。它也成为联邦和各州政府落实职业教育合作事务的制度基础。职业教育的发展要求学习地点之间进行合作，而这种合作建立在各地点不同的职能、结构、文化背景上。合作诉求的实现，依托于适当的制度框架、各级政府在政策管理层面制度化的协商过程、学校和企业教师在教学实践中的积极推动。

三、《德国各州学校法中关于校企合作的条文》

德国各州和州级市的学校法中关于校企合作的条文有以下特点：

1. 多方共管合作事务（多位一体）

德国企业、行业、学校、政府，特别是学生、家长多方共同参与校企合作事务的监督、管理和落实，体现教育事务的公开公平。如石荷州学校法规定教师、家长参与探讨学校与教育企业的合作问题；莱茵兰法尔茨州家长对校企合作事务的基本原则有建议和咨询的权利等。合作学校类型集中在职业学校、职业预科、职业专科学校等。

2. 校内设置专职机构

德国各州职业教育类学校内部基本都设置有校务委员会或管理委员会等机构，且多有来自企业的代表做委员会成员，参与决策，对校企合作具有话语权。下萨克森州校务委员会还下设顾问组，为学校和企业合作提供咨询。柏林还在校务委员会下设专业委员会，协调校企合作和意见分歧。

3. 责任义务明确具体

各州学校法对双元教育体系中的学校责任及涉及学校

事务的企业责任进行了明确具体的规范，可操作性强，较好地保障了学校、企业、学生三方的利益。如萨尔州、巴符州规定企业必须为没有完成义务教育的受教育者注册和取消学籍，还要监督其完成义务教育。如此，企业可以掌握受教育者的学校教育信息，同时促进学校教育的顺利完成。

4. 凸显家长参与

受教育者的家长或监护人通过参与学校相关委员会或会议的形式，关注校企合作，参与议题讨论。布兰登堡州、巴符州、汉堡等多个州和州级市学校法就家长参与校务作出了明确的规定。如莱茵兰法尔茨州的政府部委要听取家长顾问委员会对校企合作原则的建议并给予必要咨询。学校法授予家长就校企合作事务的话语权，有助于家长和监护人配合校企合作的开展，监督受教育者履行教育义务，营造一个全方位的促学体系。

5. 关注学生核心利益

保障学生义务教育阶段的在学时间、保险费用，特别是学生意外保险的费用支出等（石荷州），关注学生在学校、学校路上、学校的活动过程中，乃至企业实习等情况下发生意外或造成损失的保险和赔偿问题，为受教育者和教育提供者创造一个有保障的安全环境。在学校体系的职业教育中，莱茵兰法尔茨州、石荷州学校为参与企业活动的学生购买意外保险和学生造成的损失保险。

尽管在《职业教育法》和联邦州学校法中都没有过多的关于"校企合作"和德国语境中的"学习地点合作"的直接条文规定，但都从相关条款，如机构设置、教育内容、教育义务学分转换等方面促进了校企合作的展开，特别是《职业教育法》就"行业协会和职业学校就结业考试的合作""授予职业学校教师有限表决权""通过职业准备教育提高受教育者机会""设立州职业教育委员会"等的新规定，大大促进了校企合作的进一步展开，明确学校和企业权力边界的同时密切了校企关系，为校企合作拓展了合作疆域和合作参与者。

第三节　德国养老服务校企合作平台建设

一、德国行会

行业组织代表企业利益，德国行会在双元制中扮演着举足轻重的角色，参与双元体系校企合作的方方面面。德国行会有着完善的组织架构，职业教育是行会的核心任务之一。总的来说，行会任务可分为内部自治与服务、官方行政任务（包括法律规定和国家赋予的任务）两大类，承担任务的前提在于这些任务与经济相关，且行会比国家行政机关执行效果更好。其中自治与服务为核心任务，职业教育作为自治与服务功能的重要内容，是行会的主要任务之一。

职业教育和培训是行会的主要任务之一。行会是双元制职业教育主体企业的主管机关，同时也负责企业经营者和员工等人员的继续教育、青年和失业人员的职业培训等。《职业教育法》提出行会在职业教育事业中扮演着顾问、监督、审查、颁布法令等角色（在新版《职业教育法》中，行会等被统称为责任部门）。作为企业职业教育的主管部门，行会的组织要素包括：

1. 职业教育顾问

根据《职业教育法》，行会对职业教育实施监督。为切实落实法律规定的任务，行会需聘请教育顾问。教育顾问通常是全职工作，但对于特定教育职业和针对特定任务也可以聘请兼职或名誉顾问。教育顾问应与企业教师具有同样的能力，通过职业和劳动教育学能力考试等。企业教师能力条例明确相关规定。另外，教育顾问还应具有处理双元教育各项事务的能力，包括考察职业教育条件、制订教育计划、组织准备教育、招收双元受教育者及开展双元教育。

教育顾问的核心任务是为职业教育所有参与者和部门提供咨询与支持，包括企业、受教育者及其监护人、家长、职业学校教师、企业职工委员会、青少年代表等。教育顾问为教育企业提供的顾问内容包括：学习位置、教育合同及相关教育义务、教育场所的形式和设立，对企业教师个人和专业能力的要求，聘用企业教师、教育计划的内容和时间安排，教育时间的缩短或延长，参观职业学校，向企业或学校困难给予建议，中期和结业考试信息，继续教育机会的资料等。为学生提供的咨询包括：教育关系中的权利和义务，缩短或延长教育时间，学时认定，参观职业学校，参与教育车间的职业教育措施，出具教育证明，各类相关考试的报名和要求、流程和备考，继续教育和促进措施，对学习和发展问题的咨询指导。对职业教育的监督包括：教育形式和组织，是否遵守教育条例，企业是否按照教育计划组织教学、是否严格禁止学生从事与教育无关的企业工作，免除职业学校学习或教育中心外的教育措施，免费教育资源的准备，是否遵守如《职业教育法》《青少年劳工保护法》等法律条例。为了更好地监督职业教育，保证职业教育质量，顾问需定期拜访企业，获取企业的用人信息和岗位信息，并争取更多新的教育岗位和教育企业；与相关人员定期交流，为学生、教师和感兴趣的人士举办信息交流活动等。

2.职业教育委员会

行会的职业教育委员会由六名雇主代表、六名雇员代表和六名职业学校教师代表组成，所有代表选出一名主席和一位副主席，他们必须来自不同的利益团体。职业教育委员会的主要任务在于保障职业教育质量，关注所有与职业教育有关的重要事务。职业教育法中罗列了需听取职业教育委员会意见的重要事务：

①涉及职业教育机构和转行教育机构资质、书面教育证明的填写、缩短教育时间、提前参加结业考试的许可、举行考试、开展跨企业和企业外教育等的管理规定以及职业教育管理条例等；

②州职业教育委员会所建议措施的实施；

③教育合同模板基础内容的改动。

需知会职业教育委员会的重要事务有：

①向主管机构报告的职业准备教育和职业转行教育措施以及已登记的职业教育关系的数量和种类；

②已举行的考试数量、结果和所取得的经验；

③第七十六条第一款及第二款所涉及的顾问的工作情况；

④主管机构负责的地区或专业范围内的职业教育新形式、新内容和新方法；

⑤主管机构针对其他机构和部门提出与实施本法或在本法基础上颁布的规定和有关的意见和建议；

⑥建立自己的跨专业教育机构；

⑦根据⑤作出的决策及开展职业教育的预算决策；

⑧解决教育关系争端的程序；

⑨涉及主管机构职责范围内职业教育的劳动市场问题。

3. 考试委员会

行会负责考试事务，包括中期考核、毕业考试、进修考试的准备和组织。行会设立考试委员会负责考试验收。多个行会可以共同设立一个考试委员会。考试委员会是非自治机构，因此不能以考试委员会为名对外发布任何决定。但考试委员会可在职能范围内独立工作。考试委员会至少有三名成员，且必须符合等量的雇主、雇员代表和至少一名职业学校教师代表这样的成员比例要求。考试委员会成员任职不超过五年。雇员代表根据行会所在地的公会和雇员自治联合会的建议任命。学校教师代表的任命依据学校监督机关的决定。考试委员会成员必须具备考试相关的专业知识和能力。考试委员会决定考试是否通过及考试评价。考试成绩公布后如有任何问题，相关行会出面处理。考生还可向法院提起行政诉讼。

4. 教育合同

职业教育合同是德国双元体系制度安排的核心要素。在所有双元体系中的职业教育开始之前，企业教师和受教育者根据《职业教育法》第十条的规定签署一份职业教育合同，建立起职业教育关系。合同不允许使用电子版本，合同签署后由企业教师将合同寄给主管行会。合同应至少包含以下内容：

①职业教育的形式、内容和时间安排及职业教育针对的职业活动；

②职业教育的开始时间和期限；

③每日的常规教育时间；

④教育机构外的教育措施；

⑤试用期（最多四个月）；

⑥职业教育补助的支付与金额；

⑦休假期限；

⑧解除职业教育合同的条件；

⑨将使用的薪金标准，企业或公务协议。

职业教育合同经行会审核并注册，以便行会对职业教育关系进行监管和提供咨询。根据教育合同，企业需向受教育者传授教育条例中的职业教育内容。企业教师和受教育者都必须在教育合同和《职业教育法》框架内履行自己的义务。受教育者需遵守企业规定，认真学习职业教育目标所要求的知识和能力，定期前往职业学校学习，听从教育提供者、实训教师或其他有权指令人员的指示，爱护所使用的工具设备等，保守企业和商业秘密。而作为教育的提供者如企业、学校等机构应为以上任务的达成创造环境，辅以帮助和监督，具体包括确保受教育者接受了实现职业教育目标所需要的职业行动能力等。

二、职业专业会

德国养老服务职业领域设立了养老服务职业专业会，成员为各教育职业的学校教师和企业教师。职业专业会的主要作用是协商学校和企业教育时间及教育内容，从而深化学习地点的教学和组织合作。学校和企业间的合作关系可以降低企业职教成本，充分发掘企业教育潜力，减轻各教育企业的教育资源压力。

由于教师在校企合作中的重要作用，教师质量是项目成功的决定性因素。德国养老服务特别重视企业教师和职业教师相关能力的养成，对教师就学习过程的组织和实施、教学方法的有效运用均有要求。通过学校和企业共同推进学习和工作任务，提升校企在教育教学上的合作的企业教师和学校教师在此期间发挥了重要作用，他们要开发并实施学习和工作任务，对此进行审慎的反馈，并就不同企业、地域特色对项目进行相应调整和开发。通过参与，学校和企业建立的伙伴关系促进了各企业优势及资源的有效利用，弥补了企业间的不足。

养老服务职业专业会在教育政策方面，建立起区域职业教育对话，来自学校和企业、行会、教师教育、计划开发和媒体机构等的代表定期会面，协调活动。以此将区域内参与职业教育的各机构融入校企合作中，确保项目体现区域特色能力，为区域发展做出贡献，解决校企合作领域所涉及的研究问题，如学校组织条件对校企合作的影响、学校和企业合作对各自发展的积极作用，保障校企合作的持续性和稳定性等。

第四节　德国养老服务校企合作实施

一、养老服务校企合作成员的职责

（一）教师在校企合作中的职责

学校和企业间的合作关系可以降低企业职教成本，并充分发掘企业教育潜力，减轻各教育企业的教育资源压力。由于教师在校企合作中的重要作用，所以教师质量是项目成功的决定性因素。德国养老服务特别重视企业教师和职业教师相关能力的养成，对教师就学习过程的组织和实施、教学方法的有效运用均有要求。

企业教师是企业教育的具体执行者，是受教育者的官方负责人，对受教育者的学习、安全、出勤等负责。从企业教师出发考察校企合作相关的机构框架，将直观体现学校和企业层面参与职业教育的组织架构情况。

企业教师与三方密切联系：一是与职业学校协调；二是向劳工服务所咨询；三是受各行会及其他教育法规定的职业教育主管部门管理。

与职业学校的协调包括与学校督导、校长及老师的联系，共同协商教学的内容、时间和方法，监督受教育者在学校的学习情况，就考试事务进行协商等。

（二）其他组织成员在校企合作中的职责

学校督导是对德国基本法"所有教育事业在联邦州监管之下"的践行。督学机构是德国联邦及地方办学者对学校的监督部门，它确保学校工作质量，规范所有与学校课程相关的实质性事务。

德国联邦劳工服务所是德国劳动市场最大的服务提供者，为群众和公司机构等提供劳工和教育培训市场的全套服务业务。在全国拥有覆盖全面的服务网络，包括10个地方主管机构，165家地方劳工服务所及约600家分部，304个工作中心等。劳工服务所利用自己在受教育者的选拔测评、录用、就业等问题上的信息资源优势向企业教师提供咨询和中介服务。

企业教师与行会的合作体现在咨询、监督和事务推进方面。行会的职业教育顾问、考试委员会等人员或部门都直接参与校企合作。又因为与企业的天然联系，行会被视为校企合作中最适合的协调单位。

二、养老服务校企合作的内容与过程

（一）校企合作具体内容

1.学生实践学习

学习任务在双元制教育中发挥着重要的工作分配的作用，这种工作分配以复杂的职业工作流程为原则，也就是说，工作分配的目标不仅是掌握单独的操作，特别是一种技能，而是为了掌握一整套从计划、实施到调控的职业规范操作流程。所有著名职业培训、双元制教育、护理培训示范项目中的学习任务方案，均出自企业中实际操作的工作流程。另外，还要分析职业操作并让职业操作在学习任务中转换。职业培训的不同学习任务方案会涉及培训过程的系统化。当工作流程的执行和"企业"连接的时候，对操作多样性的思考、反思就与"学校"连接。也就是说，学习任务的再加工必须在两边学习场所及双方职业小组的紧密合作中进行，而不仅局限于一个学习场所。

在养老护理实践学习中学习任务作为转换手段的使用，应参考学习场地的标准、学习任务的目标、时间点、再加工和评估进行任务编写。

（1）学习场地的参考

现有的学习任务应在养老护理培训中作为转换手段双向使用。由此培训师和实训导师要为学习任务的投入使用负责。在基础学习领域的学习任务和学习领域主题相关的特殊资质的学习任务中应考虑到，这两类学习任务应协助对一般已掌握的知识的领会和加深。因此它们必须被视为校内"教—学—过程"的教学手段，并应用到课堂讨论、小型工作任务或学校项目中。为了将理论课程中学习到的知识应用到实践中去，基础学习领域的学习任务也要作为转换手段被使用，基础领域的学习任务必须和工作实践转换学习领域的学习任务相结合。相结合的学习任务以及工作实践转换学习领域的学习任务，必须通过专业研讨课特别是通过培训师接着为下一实训阶段的学习领域的再加工的工作完成。学习任务的对象必须统一，所有学生在下一个实操中能对已设定好的任务进行加工，即使他们分布在不同的机构里。由于实操内容的不同，教学平行度的原则不能保证一致，因此将选择出来的学习任务应用到实训场所去很有意义。另外，针对学习特殊技能和能力的学习任务必须归属到单个学习场地中去。因此在准备阶段，介绍实训场所的养老护理专业研讨课的学习条件非常有必要。受训者不依赖学校内导师传授的知识，而是借助实训导师，特别是实训场所实训导师的力量，对实训场所的这些学习任务进行加工。通过对这些学习任务的再加工，受训者积累了特别的实训经验，这些经验能作为学习场所"专业研讨课"的理论补充，能启发受训者反思。因此，通过学习任务在两个学习地点的分类，学习任务对归纳和演绎的学习过程意义重大。

（2）学习任务的目标

《实践培训教学大纲》里提到的学习任务涉及单个理论知识的领会和加深，涉及单个知识在实践中的应用和对技能的掌握，特别是单个的操作技术。单个知识和单个操作是复杂操作程序中固有的。为使学生能独立执行专业的复杂护理操作，委托受训者从头到尾对单个任务的加工是不够的。更多的是需要学习任务随着培训时间的增加，同时加大复杂系数和难度。因此，有必要让学习任务相互交叉结合，这样任务分配才会越来越难。可以让工作实践转换学习领域的不同学习任务相结合，或者像本文已描述的，基础学习领域的学习任务和工作实践转换学习领域的学习任务相结合。

随着培训时间的增长，学习任务应避免仅仅让培训者学会单独的知识和技能，应逐渐以工作流程为中心。

（3）时间点

学习任务应该应用在整个培训实践范围内。另外要注意的是，鉴于学习领域类型这一因素有一固定原则，即应将学习年制考虑到学习领域分配，这个原则还牵涉到学习任务的分配。大多数工作实践转换学习领域建立在基础学习领域和主题相关的学习领域之上，普通的分配原则是，培训的一开始，加强对与基础有关的学习领域的再加工，目的是随着培训时间的增加，转向到应用相关的学习领域中去。这意味着，培训的初期对以工作实践转换学习领域为开端的学习任务的加工较少。培训的初期，更多的是使用与实训场所相连接的和以单项技能的学习及以观摩和询问为中心的学习任务。随着培训时间的增加和相应越来越充足的理论储备，可对学校设置的与实践相关学习任务进行加工，此实践相关的学习任务以系统的理论知识为基础。

（4）学习任务的再加工

受训者应该以哪种方式对学习任务进行加工，专业研讨课和实训场所的培训负责人必须作出解释。培训机构的强项和经验开始发挥作用了。由实训场所特别是专业研讨会的学习任务分类得知，谁分配学习任务，谁必须在学习任务加工和评估过程中对受训者提供帮助和支持。但尚不清楚的是，应安排多少加工阶段，以及是否应安排独立工作还是小组合作。原则上可以想到，从学校学会的知识和技能应用的普通学习任务，应采用小组合作，可能的话还该由实训导师带领完成并在现场作出评价，以便结果能在班级讨论时提出来，供全班思考反省。小组合作同时能锻炼受训者的社交和个人能力。一个实训场地的学习任务，通常来说只能由单人准备和完成，因为很少有两位受训者同时在实训场所参与一堂课。值得关注的是，合作培训机构的老师及实训导师应理解，他们要将学习任务的加工的阶段考虑在内。如果强调任务加工的分类法和要求的社会形式没有被写入学习任务的大纲内，导师们必须向受训者交代清楚。

（5）评估

当评估的结果不以分数的形式表现出来的时候，将学习任务作为转换方式的投入使用的优势才展现出来。与分数相结合的奖惩制度，会让随机的检验和学习能力的应用成为阻碍。对学习任务的评分会存在这样的危险：学生会将学习任务视为考试的手段，而没有充分发挥转换方式的作用。尽管如此，学习成果的考评对培训结果的检验非常有必要，从受训者方面而言，通常也希望看到自己的分数。应该用对操作执行方式的评估和学习任务的结果来代替成绩分数。受训者获得分数的回馈，并能评价自己的学习流程和评估自己继续接受培训的结果。实训导师和老师能凭借对学习认识知识的测评结果，更好地策划和设置培训方案。每年评判的成绩分数，为学习任务的设置提供了良好的方针导向。

2.教师培养

由于教师在校企合作中的重要作用，教师质量是项目成功的决定性因素。德国养老服务特别重视企业教师和职业教师相关能力的养成，对教师就学习过程的组织和实施、教学方法的有效运用均有要求。

（1）建立职业专业会议

职业专业会议这一教师组织的建立，通过信息交流、研讨会、考试委员会的合作等方式拓展合作人员的相关能力，有效地促进了学校教师和企业教师的交流。教师作为校企合作的排头兵，他们之间的交流质量、合作深度直接影响着校企合作的持续发展。通过校企合作，学校教学可以更好地体现职业特色，导向企业工作过程，还为职业学校教育内容融入行会考试创造了良好基础。了解企业特有的工作流程并开拓合作，开发在企业实践阶段和学习情境下的学习过程的计划和实施方式，有利于企业流程深入学校课堂教学。

（2）开展教师进修教育项目

教师作为职业教育的重要参与者，在培养受教育者方法能力、社会能力成长的过程中，自己首先应该具备这些能力。通过提高教师能力，进而提高学校企业间的合作质量。开展教师进修教育一般包括以下三个阶段：

①准备阶段：调查进修需求。基于教学大纲的细化，学校和企业通过会议、工作小组等形式调查教师进修教育需求。学校向州机关的控制小组报告本校的教育需要，控制小组将所有教育需求信息整合起来，与相关进修教育举办者建立联系。控制小组由州机关提名各学校不同专业的教师代表组成。控制小组必须具备为需求方尽快提供相应教育模块的能力。个别学校和企业还自己开发教育模块。

②实施阶段：合作教师进修。各教师进修教育提供者，包括教师进修学院、教育企业、跨企业教育者、高校等组织机构，它们运用教育模块开展教师进修。教育活动结束后会进行模块评估，控制小组将评估结果用于优化未来教

育模块的计划和实施。

③后期阶段：反馈调整。这个阶段由进修者自行控制。因教学人员、教学环境、硬件设施等差异，每个进修教育的供需之间都无法做到完全匹配。在后期阶段，必须解决进修教育的模块内容与学校和企业两个学习地点的教学环境相适应等问题。学校教师和企业教师在这个阶段运用各自的经验和前认知参与其中。为了使教学内容更好地匹配校企需求，将会合作开发课程材料、教学项目和课程设计。学校及其他参与者评估进修教育的内容在学校课堂及企业教育中的可利用程度，所有这些信息都被再度反馈给控制小组，与先前的需求信息构成了一个信息回路，有利于完善其他教育模块的计划和组织。

3.教学内容与材料开发

开发符合政策的养老服务职业教育模块，关联职业继续教育。通过各种机构间的协商促进养老服务职业教育的课程设计和模块开发，且偏重与职业继续教育的关联性。教育模块不是封闭的，而是对各类教育举办者开放，在模块的组织和教学事务中实现稳定的双元结构。

开发养老服务教学材料：通过学习地点合作方案细化教学大纲，开发伴随教育全过程的针对方法能力和社会能力的评价工具。在开发课程优化工具的过程中充分利用职业学校和教育企业间的合作关系，推进教学合作形式的相互融合。

（二）校企合作实施过程

校企合作的实施过程主要包括交流、协商、实施合作阶段。

第一，交流阶段。学校教师和企业教师交流信息，了解对方日常工作中的愿景、经验和问题。信息交流包括两层含意：释放信息；认知并获取信息。

第二，协商阶段。学校教师和企业教师一起制订并开发适合教学条件的教学策略、措施。协商从两方面理解：一方面，双方必须遵守事先协商好的约定；另一方面，要能够容忍并解决冲突，尤其是在约定无法继续，或产生异议，需要各自采取独立的教学方法的情况下。

第三，合作阶段。合作阶段是学校教师与企业教师交流最为密切的阶段。它要求交流双方必须进行直接合作，共同完成事先沟通约定好的教学计划。

三、养老服务校企合作组织实施的保障

养老服务校企合作需要在人员、组织、制度层面予以保障。人员层面需要所有参与者为了共同目标培养相互信任，在学校内部创造积极氛围。学校和企业相互需求的满足要求企业教师和学校教师加深相互理解，摒除偏见，建立互信。学校和企业的合作离不开校内或校企间

适度的措施支撑。如学校教师和企业教师间的信息交流、课程协商，各类参与者之间的定期非正式会晤等。同时，学校内部更多自主空间的组织原则是校企持续稳定合作的必备条件。因此可以说，外部组织和资源的支持是校企合作的制度条件。

1.制度保障合作框架的正常运行

以学校和企业间的"合作协议"为载体协商教育目标、教学内容和教学形式；成立由企业教师和学校教师组成的辅导小组，带动并协调学校班级的各种合作活动。

2.建立并维护有效的交流网络

建立学习地点合作的信息和通信技术基础设施；积极创造合作伙伴交流和对话的机会；通过座谈、电话会议等方式就学生信息进行交流。

3.通过合作实务拓展地点发展

开展工作小组内部的信息交流，必要时组织企业参观等活动；建立并在日常工作中维护交流网络；共同组织继续教育活动；共同开发教材，确定考试形式；组织学校教师和预备教师参加企业实习；合作实施跨学习地点的教育措施，如调查任务、项目。

4.调动参与者的积极认知

参与人员要营造自信、互信的合作环境；参与人员应具有开放的心态，关注合作各方共同利益；为合作参与者创造并保障发展空间。

德国养老服务教育在学习地点合作领域的研究和做法，尤其是其中折射出的理性思辨和持续内省对我们启示良多。德国职业学校与参与职业教育的企业虽有着各自的利益考量，但能从人才培养大局出发，搁置争议，逐步实现多层次交流合作，共同开发有效的合作措施。

四、养老服务校企合作面临的挑战

养老服务学习地点合作的广泛实践背后隐藏着一个重大问题："真正符合职业教育要求，反映教育理论和教学方法的学习地点合作只是少数个案。"问题主要表现在学校和企业仅有间断性合作，没有形成长期的合作关系；合作目的限于解决当下培训过程中的困难，对诸如管理和纪律问题的重视远胜对教学问题的关注；学校和企业之间的合作没有统一模式；学校和企业对自我的认知和相互间的认知差异较大。

企业教师和职业学校教师认为"学习困难"和"纪律问题"是双方为协商教学时间和管理而进行对话的主要原因。换句话说，企业和学校的合作是为了清除影响教学的因素，维护和稳定校企之间相对简单的合作组织关系。现实中的校企之间的信息交流的起因是出现了什么问题，可以称之为"消极"的交流方式；这从根本上有违教育政策层面所期待的合作，也有悖于相应协会间促进合作的协议。

与此同时，虽然"企业主导"的双元教育体系的优势在于法律、法规的保障，但受教育者个人、学校、企业、同业行会、雇主及各种相关利益集团常有不同的，甚至是相互矛盾的教育哲学，导致相互之间的关系极为紧张。

学习地点间的合作受到组织、制度和人员等因素的影响从组织角度来看，学校和企业先天相隔。学校和企业更多以一种自治的姿态参与职业教育。企业教育遵循企业组织结构和利益目标，学校教育履行法律规定的责任义务。从制度和人员角度来看，学校和企业教师的工作条件、他们对合作的认知与接受度都制约着合作。学校教师与企业教师恰是合作的直接实施者，他们对合作方的不甚了解或无暇了解、对合作教师的偏颇看法都会大大影响合作的深度和成效。

有学者用"企业与学校之间走入了一种相对固化的合作困境"来解释校企合作问题的产生。只有首先突破这一困境，才可能实现有效的合作。固化的合作困境包含以下五大特征：

固化的信息阻滞：合作伙伴恶意相待，不向他人提供与己相关的信息，导致合作伙伴间的信息流被人为消减甚至完全阻断。

固化的相互误解：合作伙伴通过彼此的背景差异解读特定的现象。他们遵循的解读模式是：A 从 B 处获取信息，但误解了 B 表达出的原意。B 没有意识到 A 的这一误解，因为它将 A 的反馈视为 A 已经理解了自己原意后的确认。

　　固化的冲突掩饰：合作各方都明白，任何一方没有按照大家公认的策略行事，就会产生冲突。即便如此，仍有合作方（此处暂称为"背叛者"）一意孤行，并掩饰自己的"背叛"。这样一来，就会产生双重掩饰效应：一是"背叛者"掩盖了其所采用的可能引起冲突的策略本身；二是掩饰了掩盖策略这一举动。对此，与"背叛者"合作的人可能会产生一种不确定感。但因为双重掩饰，这种不良感觉无法通过明确的证据得到证实。因此其他合作者只能掩饰自己的不良感觉和随后将采取的应对策略。

　　固化的互不信任：合作各方均假定其合作伙伴有伤害自己的意图，因此试图通过防御或进攻的手段保护自己。而这一举动将被其他合作方视为验证自己"被伤害"的假定的有利证据。

　　固化的共同搁置：只有通力合作才能完成某项具体任务，为此合作各方都应具备"合作执行力"。但总有些合作者想搭便车，这导致合作各方无法真正务实地执行任务。

第八章

中德养老服务体系
比较

　　德国是世界上最早建立社会保障体系且社会福利制度十分完善的国家，而养老服务是社会福利体系中一个最重要的组成部分。1889 年，在铁血宰相俾斯麦的领导下，德国建立了世界上首个基于保险的社会养老体系。这一养老体系被称为法定社会保险之母，并由于具有合理缴纳比例和可靠的高退休收入，成为全球社保体系的典范。此后，德国养老体系经受了两次世界大战、全球经济大萧条和东西德统一等政治经济变革的重重考验，为德国政治、社会和经济的持续稳定提供了保障。然而从 20 世纪 70 年代起，伴随着工业化的进程，德国与其他欧洲国家一样逐渐步入老龄化社会。人口老龄化使德国也开始面对养老体系回报率下降和养老金成本上升等问题，通过持续推进养老服务体系的改革，德国在养老服务体系的社会化方面取得了一定的成功。

第一节　德国养老服务体系的主要特点

自 20 世纪 80 年代以来，德国就已经步入老龄化社会，目前已经是欧洲人口老龄化程度最高的国家。德国联邦统计局最新发布的数据显示，截至 2017 年底，德国总人口数约为 8 315 万人，其中 60 岁以上老人约占总人口的 23%，而 65 岁以上的老年人口约占总人口的 19%。在世界范围内，其老龄化程度仅次于日本。按照目前的人口出生率，德国未来的老龄化问题将会日益严重，预计到 2050 年，德国人口将下降到约 7 000 万，60 岁以上的老年人将占德国总人口的 35.5%。随着德国人口老龄化进程的加速，养老服务问题也日益受到社会与政府的关注。

一、德国养老服务体系的制度设计

作为欧洲最大的经济体，德国政府在过去的十几年里为应对人口老龄化做了全方位的努力，比如通过向新生儿家族提供更多福利，增设儿童照管机构以鼓励生育，鼓励外来移民甚至开放边境接收难民以缓解劳动力短缺，将退休年龄从 65 岁逐步延迟到 67 岁，以及向 25 岁以上有收入人群征收年龄税用于日益增加的养老金和社会福利支出等。除此之外，德国还致力于完善养老保险的制度设计和构建多元化的养老护理服务体系来解决老龄化问题。

（一）以三大养老保险制度为核心的公共养老体系

德国是世界上最先建立公共养老体系的国家。早在1889年，以"铁血宰相"著称的俾斯麦就制定出台了世界上最早的养老保险制度，此后又陆续出台了医疗保险、失业保险、工伤保险。"二战"后，德国的社会保障事业得到进一步发展，社会保险覆盖的范围继续扩大，保险待遇进一步提高，针对退休职工的养老保险金建立了动态增长机制，养老金的数量不再一成不变，开始与生活费用的上涨和工资增长挂钩。

德国现代的养老保险制度由法定养老保险、企业养老保险和私人养老保险三部分构成，后两种又被称为"补充养老保险"。其中，具有强制性的法定养老保险的保险项目既包括一般的养老保险，也包括病残保险、遗嘱抚恤等。保险的对象包括覆盖了全国从业人员的90%，包括工人养老保险和职员养老保险两大分支，是德国养老保险制度的主干。法定养老保险的资金主要来源于雇主、雇员的缴费，以及国家补贴。随着德国人口老龄化问题日益突出，政府的养老负担日渐沉重。为减轻政府压力，在维持法定养老保险主导地位的同时，德国开始采取措施鼓励人们更多地参加"补充养老保险"。

与法定养老保险相比，"补充养老保险"的性质具有自愿性和非强制性。其中，企业养老保险相当于职业年金，采取的是直接支付的原则，其前身原本是企业自愿为员工发放的一种福利，后才逐渐发展为企业养老保险的形式。自 2002 年起，德国颁布法律，规定企业职工有权利要求雇主将一部分工资或者节假日奖金变成企业养老保险，企业养老保险的筹资方式、组织形式及受保人等均可自由选择。职工缴纳的企业养老保险与法定养老保险一样可以享受税收优惠。目前，德国的企业养老保险对劳动力的覆盖率已经高达65%，成为养老保险制度中最重要的补充部分。为防止因雇主宣布破产而无法支付企业养老金的风险，德国政府专门设立了雇主组织的养老保险基金会作为担保机构，规定开办企业养老保险的雇主有义务向担保机构投保，如果企业破产导致无法支付本企业的补充养老金，则由该基金会支付。

另一种补充型养老保险是私人养老保险，它是由商业保险公司提供的，由个人自愿投保，在达到退休年龄后从保险公司一次性或按月领取保险金的一种具有储蓄性的养老保险，是养老保险体系的重要组成部分。在德国，私人养老保险的参与对象主要是医生、牙医、药剂师、律师以及自由经营者等。公务员和法官是国家终身雇佣人员，不参加法定养老保险，有独立的养老保险制度，而自谋职业的农业人员则有独立的农民养老保险。

在步入老龄化社会之后，为了应对老龄化，德国又在单一公共养老金体系的基础上增加了积累性养老计划。德国的公共养老金体系（GRV）采用现收现付制，即所需的养老资金全部来源于当前的工薪税和财政补贴。持续低迷的人口生育率、日益严重的老龄化，加上高福利诱发的高失业率，导致领取养老金和缴纳养老金的人数比开始逐年上升，养老金支付开始出现寅吃卯粮的现象。为保证公共养老计划的可持续性，德国于 1992 年启动了养老保险制度改革，改革内容包括降低养老金水平，提高养老保险费缴费比例，提高退休年龄等。为了弥补养老待遇下降引发的社会不满，德国同时也制订了自愿性质的完全积累养老计划，并于 2001 年推出了一项由国家通过税收优惠和直接财政补贴的方式鼓励人们更多地参与个人储蓄性的养老保险计划——里斯特养老金计划。这一计划使得私人养老保险开始从补充地位发展成为继法定养老保险和企业养老保险之后的第三大支柱保险。2004 年，德国通过了《养老可持续法》的改革法案，引入可持续变量，建立了公共养老金的待遇与失业率和寿命长短挂钩的动态调整机制。2007 年，德国又通过了改革法案，决定于 2012 到 2029 年间，将法定退休年龄逐步由 65 岁提高至 67 岁。

（二）护理保险制度

在进入老龄化社会后，为了解决有护理需求的老人依靠退休金无法负担高昂的长期护理费用的问题，德国在 20

世纪 80 年代开始就护理是否应当纳入社会保障体系展开了激烈的探讨。1994 年 5 月 26 日，德国《护理保险法》颁布，使护理保险成为社会保险体系的第五支柱，也成为德国养老服务制度体系的另一重要组成部分。

护理保险是指当被保险人因疾病、残疾、年老等丧失生活自理能力时，由保险机构支付护理费用为他们提供护理保障的制度。在没有护理保险之前，丧失自理能力者的护理费用基本由个人负担，当个人无力负担时，只有求助于社会救助，由于入住护理机构的费用要大大高于养老金，致使超过 70% 的机构入住者均需要寻求社会救助。而社会救助的费用又要由州和地方政府来负担，这就给地方政府造成了沉重的财政压力。因此，《护理保险》的出台，一方面是为了解决有护理需求者无法自行负担护理费用的问题，另外一方面则是为了减轻财政负担。

由于德国实行的是强制性的社会健康医疗险和商业医疗保险并行的双轨制医疗保险，与之并行的护理保险也同样实行的是双轨制，即超过 90% 的人在加入法定社会医疗保险的同时加入社会护理保险，而部分高收入群体则在购买商业医疗保险的同时购买私人护理保险。

德国构建护理保险制度的目的是保障包括失能老人在内的有护理需求者的尊严。当被保险人因为年老、疾病、残疾等失去自理能力时，保险机构提供的护理保障金，将有助于减轻失能人士及其家人在身体、心理及财务上的巨大负担。

二、德国养老服务体系的标准建构

标准化是维护服务对象权益、提升管理水平与服务质量的重要技术手段。开展养老服务业标准体系研究，建立科学合理的养老服务业标准体系，全面梳理规范养老服务业发展所需要的标准制修订项目，是推进行业标准化建设的基础性工作和必要前提。

目前，无论国际标准化组织还是发达国家标准化组织都在养老服务业领域进行着积极的探索，这将为我国开展养老服务业标准化建设工作提供宝贵的经验借鉴。

作为目前世界上最大、最权威的国际标准化专门机构，国际标准化组织（以下简称"ISO"）的主要活动是制定国际标准，协调世界范围的标准化建设工作，组织各成员国和技术委员会进行信息交流，以及与其他国际组织共同研究有关标准化问题。

与工业、农业或其他服务业标准化领域相比，养老服务业是 ISO 工作的新兴领域，因此标准数量相对较少。ISO 目前共发布实施了 12 项养老服务业国际标准，主要涉及信息技术在服务老年人方面的应用以及如何在制定标准时考虑老年人的需求等方面。

随着国际服务标准化的快速发展，作为服务标准化建设工作的一个重要领域，养老服务业国际标准化必将受到越来越多的重视，一批具有全球影响力的养老服务国际标准也将在不远的未来研制、发布。

德国政府十分重视服务业标准化建设工作，是较早开展服务业标准化建设工作的国家之一，且承担了 ISO 大部分服务业标准化技术委员会秘书处工作。随着养老服务业的发展，德国的养老服务业标准化建设工作发展迅速。

在国家标准层面，德国发布了两项养老服务业标准，分别是 DIN 77800《老年人生活辅助提供者的质量要求》、DIN SPEC 1104*DIN-Fachbericht CEN/TR 15894《建筑五金——考虑儿童、老年人及残疾人的住宅和公共建筑上门配件的使用》德文版指南。

在服务标准和服务质量管理方面，德国中央长期照料社会保险基金联合会和联邦长期照料服务机构联合会根据法律共同制定了养老服务的原则和标准，对服务质量、质量担保及措施、机构内服务质量管理制度等给出具体规定。德国各州均建立了养老院护理质量监督机构，负责监督养老机构的服务质量。

作为服务业标准化的全球领跑者，德国的养老服务业标准化工作非常值得我国借鉴。虽然德国并非 ISO9000 管理体系系列标准的诞生地，但在德国，ISO9000 管理体系标准与服务标准配合得相当默契，养老服务业中亦不例外——管理体系标准和服务标准共同构成了德国养老服务业标准化工作的基础框架，从管理体系和服务提供两个维度对养老服务业进行规范，这种标准化建设模式对于养老服务业标准化水平整体不高的我国不失为事半功倍的良好借鉴。

三、德国养老服务体系的资源开发

在老年人需求日趋多元化的背景下，现代养老服务体系涵盖的范围往往十分宽泛，包括健康、养生、医疗、康复、护理等，因此构建养老服务体系所需的资源就需要从多方面入手，如可供老年人自主选择的养老场所，适合老年人使用的交通工具、文化娱乐、健康医疗设施等。而在各类需求中，老年人面临的最大问题是生理机能的衰退和疾病问题，因此老年人的医疗和护理服务就成为养老服务体系建设的核心问题。

经过近 40 年的探索，德国发展出一套独特的"医疗康复与养老护理一体化"的养老服务模式，有效地解决了老年人的养老服务问题。而这得益于德国在养老服务体系的资源开发上对医疗康复资源、护理资源和养老资源的有效统筹与整合。

首先，在医疗康复与养老护理的筹资方面，养老保险、医疗保险和护理保险这三大保险体系的全覆盖，在很大程度上缓解了德国老年人在应对高昂的医疗和护理费用方面的经济困扰。1994 年《护理保险法》颁布后，养老护理服务的筹资问题也基本得以解决。而护理保险的缴费约占德国普通职工工资的 1.7%，由职工和雇主各付一半。

其次，在养老服务人才队伍建设方面，德国政府非常重视养老护理的专业化发展和老龄护理人才的培养。从 20 世纪 80 年代起，德国就成立了专门的老年护理专科。到了 90 年代，老年护理专科的专业化程度更强，并开始源源不断地输出老年护理的专业人才。值得注意的是，德国的老年护理人员不是普通的护士，而是针对老人和老年病的专业护理人员。在科研方面，德国也十分重视对老年人和老年病的科研研究，包括老年病、老年慢性病康复和老年护理医学等方面的研究。

最后，在养老服务设施建设方面，德国通过致力于居民住宅的适老化建设、社区护理系统的建设和养老机构（养老院或护理院）的建设来满足老年人日益增长的养老服务需求。其中住宅适老化建设主要是指对新建住宅及社区公共区域的强制性无障碍设计要求、对老住宅的适老性改造以及建设适合老年人体力和精神的环境设施建设等，以满足老年人对居家养老的服务需求。德国相关法律规定，对满足居家护理条件的老人住所，护理保险机构给予住宅改造资助金 2 557 欧元（2015 年提高到 4 000 欧元）。社区护理服务系统则主要由专业机构提供，大型医疗保险机构提供监督和质量保障，患者共享服务网点和急救站。

四、德国养老服务体系的队伍建设

1. 多元化的养老护理服务体系

德国在 1995 年出台了护理保险制度。自从护理保险问世以来，养老产业给社会提供了几十万的就业机会。根据德国社会发展需要及制度基础，德国已形成了多元化的养老护理服务体系。德国很重视养老护理人员的队伍建设，从业人员都要接受统一的专业培训后才能上岗，入门严格，因而队伍比较稳定。

2. 养老护理服务的法制化

德国养老护理服务的法制化可以追溯到 20 世纪 70 年代。立法的目的，一是为了保障那些丧失生活自理能力的老年人的生存权和尊严，二是为了规范护理从业者的职业标准、职业义务等。1985 年德国出台了《护士执业法》，该法对护理的任务、职业标准、教育训练、护士的职业资格和权利、义务等方面都作了具体规定。1994 年德国颁布了《护理保险法》。

《护士执业法》和《护理保险法》的出台与实施，对德国养老护理事业的发展产生了重大影响。首先是为养老护理从业人员提供了法律保障。在相关法律颁布前，德国护理行业的从业人员数量并不多，这与养老护理人员的工资低与工作辛苦有很大关系。而《护理保险法》在保证护理经费来源的同时，也提高了护理人员的收入。在《护理保险法》出台之后，护理保险的广覆盖性也客观上要求有一支庞大的护理队伍为之配套服务，这在一定程度上刺激了护理服务队伍的发展壮大。目前，德国护理行业的从业人数高达 100 多万，其雇员总数甚至超过德国汽车行业雇佣人数的总和。

其次按照学历、技术水平和工作能力对护理从业者的专业技术等级进行划分。比如，《护理保险法》规定护理人员包括护士长、高级护士、注册护士、助理护士 4 个级别。

3. 多元化与高质量的护理教育

为提升护理服务队伍的专业性，德国很早就开设了护理类教育，距今已有 160 余年的历史。目前，德国的护理教育分为中专、专科培训、大学本科三个层次，以中专为主。德国现有公立护士学校 943 所，接受护理教育的最低要求是完成 10 年的基础教育，入学年龄 17 周岁。德国的继续护理教育，也称专科培训，主要是为临床培养专科护士，其资格由地方政府予以确认。目前，德国共有 50 所护士学校开设了继续教育有关专业，所设专业主要有重症监护、精神科护理、手术室护理、癌症护理、社区护理和公共卫生等。德国的大学护理教育起步较晚，1992 年才开始开设护理科学、护理教育学、护理管理学专业，但发展速度却比较快，目前有 8 所大学招收本科生。为了培养高层次的护理管理人才和开展护理科学的研究，德国还有专门一个专门的护理研究所——Agneskarll 护理研究所，该研究所可以招收培养护理硕士及博士。

五、德国养老服务体系的社会支持

德国养老服务体系的社会化程度较高，首先表现在资金投入最大的养老院的设施建设和日常运营方面。目前，德国已经形成由慈善机构、民间组织和政府三方共同承担养老机构建设及运营的社会支持格局。根据提供服务的不同，德国养老院可以细分为养老院、养老公寓、护理院。目前，德国共拥有达到护理保险法要求的养老机构 1.24 万所，总共拥有 87.5 万张床位，其中超过 50% 为慈善组织兴办，约 40% 为私人养老机构，其余为公立养老机构。此外，德国还有从事居家上门服务的机构 1.27 万所，其中私立机构 0.8 万所，约占 63.8%，教会及慈善机构 0.4 万所，约占 34.7%，公立机构约占 1.4%。

德国的社会制度及市场化程度决定了德国养老服务体系的高度社会化。目前，德国的养老护理机构主要以私人机构与社会化的教会及慈善机构为主。私人养老院收费最高，主要服务对象是富人。一般而言，私立养老院的设施更为先进、齐全，娱乐项目更丰富，护理水平更高。相较而言，公立养老院的收费最低，接纳的主要是低收入阶层，因此，只具备基本的设施，提供最低标准的服务。而慈善组织的养老院的收费介于二者之间，其设备和服务处于中等水平。由于公立养老院床位有限，且对入住条件有严格的限制，所以多数人只能选择慈善机构或社会组织办的养老院。无论哪种类型的养老机构，政府均提供相应的建设补助，按照每个机构每张床位 16 000 欧元的标准给予一次性财政补贴。

此外，德国养老服务体系的社会支持还表现在社会成员积极参与志愿性的养老护理服务上。在德国，年满 18 周岁的公民都可以通过到养老机构提供各种无偿护理服务，来进行"储蓄个人护理时间"的计划，以备自己将来需要时可以将这些时间提取出来免费享用，这也是大量德国老人可以享受社区养老或者居家养老的最主要原因。大量的德国年轻人以义工的方式参与养老服务，一方面为个人储蓄了护理时间，另一方面也为德国养老服务提供了充裕的人力资源，从而降低了专业养老机构人员的服务压力。

第二节　我国养老服务体系的主要特点

我国自 1999 年步入老龄化社会，经过十几年的发展，截至 2017 年底，60 岁及以上的老年人已达 2.41 亿人，约占总人口的 17.3%，是全球老年人口最多的国家。另外，全国老龄办 2006 年发布的《中国人口老龄化发展趋势预测研究报告》显示，预计到 2050 年前后，中国老年人口总数将达到峰值 4.8 亿，占中国总人口的 34.9%，占全球老年人口的四分之一。不可逆转的人口老龄化在给经济社会发展带来全新挑战的同时，也让中国的养老服务业迎来了新的发展机遇。

一、我国养老服务体系的制度设计

当前，我国正处于社会转型的关键时期。社会变革不仅意味着发展的机遇和契机，也可能引发各种社会冲突与矛盾。面对来势汹汹的老龄化社会，如何妥善解决人口老龄化带来的社会问题，已经成为事关国家发展全局和百姓福祉的关键问题。对此，我国在"十三五"规划纲要中明确提出，要"加强顶层设计，构建以人口战略、生育政策、就业制度、养老服务、社保体系、健康保障、人才培养、环境支持、社会参与等为支撑的人口老龄化应对体系"。具体包括以下内容：

（一）调整人口政策，促进人口均衡发展

人口的快速老龄化，给中国经济社会的发展带来了劳动力快速减少和人口抚养比快速上升的巨大压力。这迫使我国开始从人口结构的源头上寻求应对策略。从 2013 年逐步放宽生育条件，单独家庭可以生养二胎，到 2016 年实施全面二孩政策，人口生育政策的两次调整表明我国试图通过积极的人口政策来优化人口结构，从而缓解老龄化危机。为了实现经济社会政策与全面二孩政策的有效衔接，我国出台了一系列的配套政策，包括完善计划生育服务管理，完善生育登记服务制度，提高生殖健康、妇幼保健、托幼等公共服务水平的制度等，以做好优生优育的全程服务。此外，还出台了针对农村家庭的计划生育家庭奖励扶助和特别扶助制度，以及针对失独家庭的关爱和帮扶制度。

在完善人口发展战略的同时，我国还建立健全了人口与发展的综合决策机制，包括为综合应对劳动年龄人口下降，效仿发达国家出台了渐进式延迟退休政策；加强老年人力资源开发，增强大龄劳动力就业能力的相关政策；以及开展重大经济社会政策的人口影响评估，健全人口动态监测预警机制等。

（二）构建多层次、多元化的社会养老服务体系

改革开放之前，受城乡二元分割的社会结构的影响，我国城镇地区的养老服务由家庭和单位共同来提供，农村

地区的养老服务除了五保老人由集体经济组织供养外，其他农村居民的养老则完全依赖于家庭成员。改革开放之后，随着市场经济的确立，单位人演变为社会人，职工福利逐步由社会福利取代。受到未富先老的国情制约，我国自2000年开始推行社会福利社会化的福利政策，发展导向就是实现投资主体多元化、服务对象公众化、服务方式多样化以及服务队伍专业化。作为社会福利社会化重中之重的养老服务，随着老年人口数量的不断增多，以及养老服务需求的个性化和多元化，我国在养老服务体系的制度设计上开始趋向于以满足不同层次的养老服务需求为导向。具体表现在，在养老服务的提供方式上，开始逐步转向以居家养老为基础，以社区为依托，以机构养老为补充。在养老服务的提供主体上，我国将一部分财政资金用于鼓励、支持和资助各种社会力量通过公办民营、民办公助等多种方式兴办养老服务事业，形成多元化的养老服务供给主体。

为此，民政部早在"十二五"期间便制定了《社会养老服务体系规划》和《社会福利服务体系建设规划》，将社会养老服务体系的建设，包括老年养护院、社区日间照料中心、光荣院、农村敬老院的建设和医养结合设施的建设作为"十三五"期间民政部重点推动实施的四项重大工程之一。同时，为规范养老服务的质量，自2011年起，相关政府部门加快了养老服务业标准修订的工作力度。2014

年1月26日，民政部联合国务院五部委共同印发了《关于加强养老服务标准化工作的指导意见》，2017年12月29日，国家质检总局、国家标准委发布了《养老机构服务质量基本规范》。这些政策法规的制定，为提升我国养老服务的规范化和标准化水平奠定了良好的基础。

（三）多管齐下推进养老服务专业人才队伍建设

随着我国人口老龄化步入快速发展期，我国对养老服务人才的需求也日渐迫切。为解决养老服务专业人才的匮乏，我国在养老服务相关专业的建设方面出台了一系列的制度。2011年9月29日民政部印发的《全国民政人才中长期发展规划（2010—2020年）》中提出了"到2020年，培养具备老年学、护理学等专业基础知识，实践经验丰富的养老护理员600万人"的发展目标。2016年10月5日国务院印发了《老年教育发展规划（2016—2020年）》，就老年教育相关专业设置和养老服务人才培养提出了明确要求，鼓励支持高校和职业院校办好养老服务类专业，加快老年服务和管理相关专业人才培养。同时，民政部、卫生计生委还大力推进养老服务实训基地的建设，逐步把具有医疗资质的养老机构纳入护理类职业学校实习就业范围。

另一方面，我国也通过制定各项激励政策来激发养老服务人才的从业热情。比如，人力资源和社会保障部、民政部会同有关部门针对养老服务专业人才的职业培训、职业技能鉴定、社会保险和公益性岗位补贴等出台了一系列支持政策，扶持基层一线养老服务专业技术人才队伍的建设。具体来讲，就是通过发放就业和岗位补贴，提供免费培训，以及评优表彰等多种形式，为养老服务从业人员改善就业环境，提高从业人员待遇，减少职业偏见，强化养老服务从业人员的社会认同和职业归属感等，使更多专业人才愿意从事养老服务工作。

二、我国养老服务体系的标准建构

随着我国养老服务事业的快速发展，养老机构数量不断增加，服务规模不断扩大，为确保养老服务业发展的规范性和科学性，养老服务体系的规范化和标准建设被提上议事日程。

我国政府近年来高度重视养老服务体系的标准化建设工作。2011年民政部发布的《社会养老服务体系建设规划（2011—2015年）》中，将养老服务标准作为社会养老服务体系的重要组成部分，提出要"丰富服务内容""健全服务标准""大力推动养老服务业标准化"。同年，由民政部组织编制，经住房和城乡建设部、国家发展改革委批准的《社区老年人日间照料中心建设标准》（建标143—2010）、《老年养护院建设标准》（建标144—2010）发布。这两项国家标准的发布实施，为养老服务设施建设提供了基本依据，也为社会力量参与养老服务体系建设明确了最基本的设施建设条件。

我国养老服务行业在进入快速发展期后，由于行业准入和监管制度方面的欠缺，一些安全意识淡薄、经费不足和管理松散的养老机构频繁出现各类安全事故，严重危及老人的人身安全。针对这种情况，2012年3月民政部发布了《养老机构安全管理》（MZ/T 032—2012），首次以标准形式从养老机构的安全管理体系建设、设施设备安全、食品安全、消防安全、突发事件应急管理及安全教育与培训等10个方面对安全管理进行了统一规范和要求。2012年底，推荐性国家标准《养老机构基本规范》（GB/T 29353—2012）发布，并于2013年5月实施。2013年8月，推荐性行业标准《老年人能力评估》（MZ/T 001—2013）发布，于2013年10月1日起实施。与此同时，各省、市在推进地区养老服务体系建设中，也积极组织开展了标准化建设，据不完全统计，已发布地方标准19项。这些标准的制定与实施，成为规范全国养老服务行业、提高养老服务质量、加强行业管理的基础依据。

三、我国养老服务体系的资源开发

老龄化程度的不断提高，使养老服务事业的发展变得迫在眉睫。为解决养老服务事业发展的短板，2013年8月16日在国务院召开的常务会议上，我国明确提出要深化改革加快发展养老服务业。其中，针对养老服务资源不足的问题而提出的具体解决措施包括，一是在政府"保基本、兜底线"的基础上，让社会力量成为发展养老服务业的"主角"；二是要建立比较完善的政府购买养老服务制度，促进养老服务资源的合理配置；三是要加大养老服务专业人才培养，强化人才保障机制。

（一）在政府保基本的前提下，全面支持社会力量参与建设养老产业

对中国这样一个发展中国家而言，人口老龄化既是挑战也是新的发展机遇。为充分释放有效需求，规范健全老年消费市场，同时缓解诸如"一床难求"等养老服务的困境，我国在进一步加大对养老服务业财政投资规模的同时，也密集地出台相关优惠政策，引导社会各界力量积极参与养老产业的建设。

比如，2010 年出台了《国务院关于鼓励和引导民间投资健康发展的若干意见》，明确提出鼓励民间资本参与发展社会福利事业。通过用地保障、信贷支持和政府采购等多种形式，鼓励民间资本投资建设专业化的养老服务设施，兴办养（托）老服务机构等。2013 年《国务院关于加快发展养老服务业的若干意见》提出，要通过完善扶持政策，吸引更多民间资本，培育和扶持养老服务机构和企业发展。各级政府要加大投入，安排财政性资金支持养老服务体系建设。金融机构要加快金融产品和服务方式创新，拓宽信

贷抵押担保物范围，积极支持养老服务业的信贷需求。积极利用财政贴息、小额贷款等方式，加大对养老服务业的有效信贷投入。加强养老服务机构信用体系建设，增强对信贷资金和民间资本的吸引力。逐步放宽限制，鼓励和支持保险资金投资养老服务领域。开展老年人住房反向抵押养老保险试点。鼓励养老机构投保责任保险，保险公司承保责任保险。地方政府在发行债券时应统筹考虑养老服务需求，积极支持养老服务设施建设及无障碍改造。

为进一步推动我国养老服务的健康发展，推进社会服务业的对外开放，2014年12月，商务部、民政部发布公告，鼓励外国投资者在华设立营利性养老机构从事养老服务，同时鼓励境外资本参与专门面向社会提供经营性服务的公办养老机构的企业化改制，开发优质养老机构品牌等。并且外资的养老机构与国内资本投资举办的营利性养老机构还享有同等的税收等优惠政策和行政事业性收费减免政策。

这些鼓励民间资本和外国投资进入养老服务行业的政策措施，一方面有助于养老难题的破解，为市场提供了更为全面、多元化和细分化的养老服务；另一方面也改变了养老服务供给过度依赖政府的不合理局面。而从长远来看，在传统经济领域投资趋于饱和、产能严重过剩的情况下，养老服务的社会化还以全新的视角和思维，培育拓展了新的消费需求，在改善民生的同时也促进经济的增长。

（二）持续推进并完善政府购买养老服务的制度

在国际公共管理的研究领域，由政府单一提供公共服务的模式早就被证明是效率低下、成本高昂、服务单一的代名词。而就当前世界各国公共服务改革的成效而言，由市场组织和社会组织共同参与的公私合作的模式被公认为是最有效的公共服务供给方式。它改变了政府包办服务的单一性、资源和能力的有限性等弊病，满足了民众对公共服务多元化的需求，在充分保障公共服务公益性的同时，实现了对有限资源的最大化利用。因此，在《国务院关于加快发展养老服务业的若干意见》出台后，2014 年 8 月，财政部、国家发展和改革委员会、民政部、全国老龄工作委员会办公室联合发布了《关于做好政府购买养老服务工作的通知》。明确提出，到 2020 年，基本建立比较完善的政府购买养老服务制度，促进形成与经济社会发展相适应、高效合理的养老服务资源配置机制和供给机制。

根据上述通知要求，我国开展政府购买养老服务的工作侧重于生活照料、康复护理和养老服务人员培养等方面。其中，在购买居家养老服务方面，主要包括为符合政府资助条件的老年人购买助餐、助浴、助洁、助急、助医、护理等上门服务，以及养老服务网络信息建设；在购买社区养老服务方面，主要包括为老年人购买社区日间照料、老年康复文体活动等服务；在购买机构养老服务方面，主要为"三无"（无劳动能力，无生活来源，无赡养人和扶养人或者其赡养人和扶养人确无赡养和扶养能力）老人、低收入老人、经济困难的失能半失能老人购买机构供养、护理服务；在购买养老服务人员培养方面，主要包括为养老护理人员购买职业培训、职业教育和继续教育等；在养老评估方面，主要包括老年人能力评估和服务需求评估的组织实施、养老服务评价等。

政府购买养老服务的资金由各地政府在现有养老支出预算安排中予以统筹，新增的养老服务内容则列入同级财政预算。在购买服务的同时，政府也不断完善监督管理机制，按规定公开购买服务的相关信息，加强审计，健全由政府、养老服务对象以及第三方共同组成的综合评审机制，加强对购买养老服务项目的绩效评价。

（三）加大养老服务专业人才培养力度

针对养老服务人才缺乏的问题，我国还出台了一系列措施，推动养老服务专业人才的资源开发。包括构建以职业教育为重点，以普通高等教育、短期培训为依托的多层次、立体式的人才培养体系；加大对老年服务与护理人才发展的投入，通过政府补贴、社会资助，以减免学费、提高学生生活补贴等方式吸引更多人才投入养老服务行业；加强和规范养老护理人员的职业技能培训和技能鉴定工作，推进从业人员职业资格认证上岗制度，不断提高养老服务队伍的专业化、职业化水平。

四、我国养老服务体系的队伍建设

与我国老龄化并肩而来的是我国养老服务专业人才的严重缺乏。我国 60 岁以上的老人已达 2.41 亿, 按照全国老龄办、民政部、财政部 2016 年 10 月 9 日共同发布的第四次中国城乡老年人生活状况抽样调查结果显示, 我国失能、半失能老年人约 4 063 万人, 占老年人口的 19.3%。如果按照国际公认的每 3 位失能老人配备 1 名护理人员的标准计算, 理论上我国需要的养老护理人员数量应该在 1 000 万人左右。而民政部早在 2010 年发布的《全国民政人才中长期发展规划（2010—2020 年）》中, 也给出了养老服务队伍的建设目标, 即到 2020 年养老护理人员的数量要达到 600 万人。

此外,《2016 中国民政统计年鉴》数据显示, 2015 年全国养老服务机构共有在院老人 2 147 272 人, 其中介助 401 378 人、介护 235 612 人, 两者合计 636 990 人, 如果按照 1∶3 的护理人员配置标准, 仅这部分老人就至少需要 20 余万专业护理人员, 此外还有 1 510 282 名自理老人, 按照 1∶10 的比例配置, 也至少需要 15 万专业护理人员。然而实际情况却是, 我国当前各类养老机构中的专业技术技能人员总量还不到 20 万。除了服务人才的短缺, 我国养老服务队伍建设还面临着服务人员年龄偏大、岗位待遇偏低、专业技术水平和整体素质偏低以及人才流失严重等问题。随着人口老龄化的加剧，老年人对长期照护和专业养老服务的需求日益增大，而我国养老服务人才队伍面临的上述问题也就成为制约我国养老服务业快速发展的瓶颈。

对此，全国民政职业教育教学指导委员会曾成立课题组对全国 15 个省、市、区 120 个养老机构进行调研，并将我国老年服务与护理人才队伍的问题归总为以下几个方面：

一是人才队伍结构不合理。主要表现为养老服务的从业人员多以农村户籍的已婚女性为主，且年龄普遍偏大，受教育程度偏低。

二是职业发展环境不理想。主要表现为养老护理员劳动强度大、工资低、福利差、社会认可度低。受传统观念的影响，许多人认为养老护理员是伺候人的工作，社会地位低。这既是导致养老护理员流动性大、队伍不稳定的主要原因，也是养老服务行业无法吸引年轻人就业的关键原因。

三是老年服务与护理人员的劳动保障机制存在较多问题。主要包括，养老护理员与单位签订劳动合同的比例还不高，劳动保障相对欠缺等。

四是人才稳定性不够。由于养老护理人员工资偏低、工作强度大、福利较少，再加上传统观念的影响，导致养老护理员的流动性非常大，队伍极不稳定。很多进入养老服务领域的专业人才，往往工作一年左右就会跳槽到其他行业，造成人才培养的浪费。

依据全国民政职业教育教学指导委员会课题组撰写的

《老年服务与管理人才现状和需求专题调研报告》，我国在老年服务与护理专业教育与人才培养方面也存在一些不足。目前全国仅有60多所院校开办了老年服务与护理类专业，每年毕业生不到3 000人，远远满足不了养老服务行业的发展需求。专业人才的缺乏，使得养老服务的多元化、个性化需求难以得到保障。

五、我国养老服务体系的社会支持

养老服务体系的社会支持是老龄化不断加速，养老服务需求日益增大的必然产物。其意义就在于充分发动和利用社会力量，为老人提供尽可能多的养老服务项目和养老服务内容。而养老服务社会支持的内涵，既包括养老服务供给主体的多元化，也包括养老服务模式的多元化。因此，包括政府、非正式组织、社区、民间力量以及老年人自身和老年人私人社会关系等多元主体都是养老服务的供给主体。

养老服务体系的建设是关涉全民福祉的民生事业，养老服务业本身也是具有巨大发展潜力的朝阳产业。然而在未富先老的国情下，要满足老年人口对养老服务的需求，光靠国家投入兴办养老服务事业是远远不够的，必须走社会化的道路。表现在养老服务体系的资源开发上，就是要采取全面放开养老服务市场的策略。具体包括降低养老服务行业的准入门槛，营造公平竞争的环境，积极引导社会资本进入养老服务业，推动公办养老机构的改革，激发各类市场主体的活力。

就降低准入门槛而言，对新设立的营利性养老机构，我国实行"先照后证"的简化程序，对非营利性养老机构则可依法在其登记管理机关管辖范围内设立多个不具备法人资格的服务网点。营利性养老机构设立的非法人分支机构和非营利性养老机构设立的服务网点，符合养老机构设立条件的，经民政部门核准后，可以实行"一照多址"。境外投资者设立非营利性养老机构按规定与境内投资者享受同等优惠政策，非本地投资者举办的养老服务项目与当地投资者享受同等政策待遇。

就公办养老机构改革来看，我国正加快推进具备向社会提供养老服务条件的公办养老机构转制成为企业或开展公建民营。预计到 2020 年，政府运营的养老床位数占当地养老床位总数的比例将不超过 30%。为盘活公办养老机构、医疗机构的闲置床位，我国还不断扩大社会养老服务资源，鼓励支持社会力量通过独资、合资、合作、联营、参股、租赁等方式，参与公办养老机构改革，同时改革公办养老机构运营方式，鼓励实行服务外包。此外，我国还积极完善公建民营养老机构管理办法，规定对政府投资建设和购置的养老设施、新建居民区按规定配建并移交给民政部门的养老设施、国有单位培训疗养机构等改建的养老设施，可依法依规实施公建民营。

在利好政策的激励下，我国养老服务机构步入快速发展的周期。民政部 2017 年 8 月发布的 2016 年社会服务发展统计公报显示，截至 2016 年底，全国有各类养老服务机构和设施 14.0 万个，比上年增长 20.7%，其中：注册登记的养老服务机构 2.9 万个，社区养老服务机构和设施 3.5 万个，社区互助型养老设施 7.6 万个；各类养老床位合计 730.2 万张，比上年增长 8.6%（每千名老年人拥有养老床位 31.6 张，比上年增长 4.3%），其中社区留宿和日间照料床位 322.9 万张。

针对不断上涨的健康养老服务需求，我国还专门开辟了医养结合的绿色通道。支持养老机构开办老年病医院、康复医院、中医医院、护理院、医务室等医疗卫生机构，建立养老机构设置医疗卫生机构审批绿色通道，对符合条件的医疗卫生机构按规定纳入城乡基本医疗保险定点范围。同时，我国还鼓励社会力量兴办医养结合机构，鼓励符合条件的执业医师到养老机构、社区老年照料机构内设的医疗卫生机构多点执业；推进养老机构、社区老年照料机构与医疗机构对接，开通预约就诊绿色通道，为老年人提供便捷医疗服务；支持一、二级医院和专科医院转型为老年人护理院；引导乡镇卫生院、农村敬老院设立养护型老年医疗护理服务特色科室或专护区，提高护理型床位占比；提升医保经办服务能力，切实解决老年人异地就医直接结算问题；开展职工长期护理保险制度试点，全面落实特困供养人员照料护理补贴制度等。

第三节　德国养老服务体系对我国的启示

虽然我国在政治制度、社会结构、人口结构和社会组织等方面与德国存在一定差异，但德国养老服务体系的改革过程和发展现状与我国养老服务体系建设在外部发展环境、发展阶段等方面都有一定的相似性。从现阶段我国人口老年化程度来看，我国须在近十年内建立十分完善的养老服务体系。按照惯例，从人口老龄化国家到人口老龄国家所需时间即老龄化率倍增时间被作为老龄化发展速度的重要指标。德国从人口老龄化国家到人口老龄国家用了40年，按目前我国人口老龄化进程，到2026年我国老龄化率将达到14%，成为老龄国家。因此通过对德国养老服务体系的分析与研究，能为我国养老服务体系的建立与完善提供经验借鉴和价值参考。

一、建立社会与商业多元参与的养老服务体系

社会和商业参与养老服务是德国养老服务体系的重要特色之一。我国养老服务体系必须要大力鼓励社会参与，建立投资主体多元化、运行机制市场化、服务方式多样化、服务对象公众化和服务队伍专业化的老服务体系。因此在建立健全我国养老服务体系的过程中，应借鉴德国养老服务体系经验，坚持以政府养老服务与社会、商业多元投入

的养老服务相结合的养老服务体系。但是另一方面，我国的经济水平还跟发达国家有一定距离，不能完全照搬德国的养老服务体系，而且由于我国大部分需要老年服务的老年人收入都比较低，特别是一些失能老人，完全实行以社会、商业多元投入的养老服务体系为主导的模式通常会导致大部分需要进行养老照顾的老年人没有能力支付高昂的养老服务费用。加之我国地域辽阔，各区域、省市之间的经济水平、居民收入、养老观念的差距巨大，所以在建设我国养老服务体系的过程中，可以实行东部发达地区发展以社会、商业多元投入为主、政府养老为辅养老服务体系。我国东部地区的家庭平均收入普遍较高，对于养老服务的品质也有着较高的要求。而我国中西部地区，要发挥政府养老服务为主的基础性作用，同时建设以社会、商业多元投入为辅的养老服务体系。因为我国中西部地区的家庭平均收入较之东部地区明显偏低，贫富差距较大。但中西部地区对养老服务的需求却较大，因此通过加强政府养老为主、社会和商业多元投入为辅的养老服务体系建设与发展，能够满足中西部地区对于老年服务的需求。

二、建立健全我国养老服务体系相关法律制度保障

纵观德国的养老服务体系，德国的养老服务体系之所以能够平稳地、可持续地发展，跟德国的养老服务法律制度的保障作用是密不可分的。由于我国当前的养老服务制

度等尚未建立，与长期照护保险相关的法律法规也并未出台，严重地影响了我国养老服务体系的建立进程。因此要想发展好我国的养老服务体系，就要先做好顶层设计科学化，依赖现有人才队伍，通过调查访问等手段，不断收集适合我国具体发展情况的养老体系建设实施意见，对意见进行科学评估和分析并作出设计。具体包括：在政策制定、资金扶持、技术完善等方面进行科学的顶层设计，并通过人大、政协等方式提出提案，呼吁政府出台与养老服务发展相关的法律法规。用法律法规去规范我国养老服务市场的秩序，制定详细的养老照护服务标准与服务内容，建立健全保证我国养老服务体系平稳运行的机制，不断完善我国对于养老服务的监管机制。在政策制定方面，应当对相关政策进行更细致的梳理、更科学的完善、更条理的细化，建立科学合理、配套完备的社会养老服务业管理体制机制，加快养老服务产业及与之相关的产业的合法性构建，给予社会力量以建设、土地征用、税收、信贷等方面的政策扶持，促进民间力量参与养老，推动我国养老产业持续健康发展。此外，制定的法律政策还要明确养老服务体系中关于资金的支付标准、服务质量的评估、服务对象的资格、养老服务从业人员的资格认定与行业准入机制等与养老服务相关的各项内容及要求。完善相关养老服务的法律法规后，要对养老服务行业的评估指标进行强制性统一，并以此形成确立养老服务行业监管的制度基础。同时各级政府要明确自身发展养老事业权责，形成规章制度，建立完善严密的问责机制，确保适龄老人能够公正、平等地获得服务。

三、大力培养照护服务人才，规范照护服务人才的行业准入标准

由于我国当前专业的养老服务人才供给远小于需求，而其他非专业养老服务人员参与养老服务工作的工作人员素质整体又偏低，因此应加大对于专业养老服务人才的培养力度。在加大培养专业养老服务人才的过程中，要保证专业养老服务人才的供给就要加强护理教育的重要性，积极鼓励各高校、职业院校开始与老年护理相关的专业及课程，借鉴德国的相关专业设置、课程体系和继续教育培训体系，以此保证高素质人才的充足供给。

另一方面，要制定合理的专业养老服务人员从业资格认定机制，以保证养老服务人员的专业技能素质。如在德国想要从事养老服务行业的人员必须要取得职业资格证书。因此我国在建设养老服务体系的过程中也可以因地制宜地制定符合我国国情的养老服务人员行业准入规则，加强对一线养老服务人员的监督。通过建立养老服务监督机制提升服务水平，通过设立养老服务业第三方专业评估机构对养老机构进行专业化评估，并尝试建立养老服务绩效考核制度，从而有效提升我国养老服务行业的整体服务质量。此外，还应重视来自服务对象的声音，收集他们的评价和

意见。舆论媒体应当充分发挥正向引导和监督作用，利用其受众群体多、传播能力强等优势，增强社会公信力。适当地提高养老服务人员的社会地位以及收入来调动有志青年投身于养老服务行业，对此可以借鉴德国以立法的形式保证照护人员的劳动者地位以及稳定的收入水平。

第四节　中德养老服务合作的主要模式

中德两国自 2014 年建立全方位战略伙伴关系以来，两国关系得到长足发展，合作广度和深度达到前所未有的水平。根据全国老龄工作委员会办公室 2017 年的数据，中国现有养老护理人员中取得大专以上学历的占比仅有 15.3%，迫切需要加强养老服务职业教育培训来提升存量，拓展增量。同时养老服务已拓展到医学、康复、护理、心理及专业社会服务等多个领域，需要多种类型的人才提供服务，迫切需要高等职业院校在养老服务专业设置、能力标准设置以及课程设置方面及时调整、改革创新。中国养老服务学科建设起步较晚，开设养老服务专业的院校数量不多，尚未形成与产业发展需求相适应的职业教育和职业培训体系。可以说，中国的养老服务业整体处于初步发展阶段，所提供的服务和产品仍以生活照料为主，缺乏医疗康复、营养保健、精神慰藉等专业化服务。养老服务专业人才严重不足，已成为掣肘中国养老服务业发展、养老服务质量提升的突出问题和瓶颈之一。在我国人口老龄化问题日益严重的背景下，中德两国开展养老服务领域合作，借鉴德国先进养老服务经验，对于我国建立健全和完善养老服务体系有着重要的意义。

一、中德合作养老服务人才培养的模式探索

我国社会对于建立完善的养老服务体系已经迫在眉睫，而建立完善的养老服务体系的关键就是在于养老服务专业人员的队伍建设。但目前我国养老服务专业人才由于受工作环境、工资待遇、社会地位、思想观念等诸多原因的影响，从业队伍受限，后备力量不足，完全无法满足我国现阶段和以后养老服务行业的需求。

2018 年 5 月 7 日，中国国务院副总理孙春兰在天津调研时强调，办好新时代职业教育，培养高素质技术技能人才，要紧贴产业发展和社会需求，加快发展职业教育。借助中德合作良好机遇，坚持互利共赢，构建政校行企开放联动、产学研用协同育人机制，瞄准养老产业发展前沿，整合各方优质资源，促进生产、育人、研发一体化，培养引领养老服务行业的高素质技术技能人才。与德国合作，充分吸收和借鉴德国在老年服务人才培养建设方面的先进经验，不仅能加快我国养老服务专业队伍的建设，更重要的是能培养具有国际视野、熟练掌握英语、综合素质全面发展，具备扎实专业基础理论和基本知识，具有良好的职业道德和人文素养，能熟练运用各种护理技能，完成基础老年护理、生活服务照料等操作，主要从事养老护理人员、机构／社区养老服务管理人员等工作的服务型高素质技术技能人才。

中德养老服务合作，可以借鉴德国的"双元制"职业

教育制度模式，合作制定适应中德两国养老服务人才的培训要求；围绕中国养老服务业发展需求，共同研发养老服务人才培养标准，突出具有国际化的养老服务理论标准、服务技能标准、服务机构管理标准等在内的养老服务标准体系实践研究；建设一批教育理念先进、人才培养特色鲜明的专业群，充分发挥在养老服务专业教育上的示范引领作用，促进中国养老服务业向标准化、优质化、国际化的方向发展。立足我国养老服务的发展，开展多层次养老服务人才专业化培训，面向养老机构管理人员、服务人员、护理人员和家庭照护者、养老服务志愿者等提供技术技能培训，实现养老服务人才培养与养老护理服务实践同步推进，推进中德两国养老护理员交流。同时围绕产业发展需求，开展应用研发与成果转化，推动养老服务教育与技术、金融、生命健康等相关产业的互动与融合，进而更好地服务两国经济社会发展。因此，中德养老服务合作的主要模式可以是以中德双方高等职业学院开展中外合作办学为主。

　　中德在养老服务专业开展合作办学，课程设置科学合理，充分考虑课程体系的完整性和合理性，在完成国内规定课程学分的基础上，引进德国养老服务部分专业核心课程（不含任何人文类课程），实现国内课程和引进课程的科学对接。其中，引进的外方课程数量、专业核心课程数量、外方教师承担的专业核心课程数、学时数要根据中国教育部中外合作办学相关法律法规设定。课程设置既能够保证完成国内课程，也能充分借鉴国外课程教学的先进经验，为学生知识结构和能力素质的可持续性发展提供了保证。同时严格监控教学质量。学生三年的课程设置、课时标准等教学管理制度由合作双方共同制定，并组成项目联合管理委员会负责监督管理，建立严格的教学质量监控体系。更重要的是中外优质教育资源得以结合。中外合作办学项目选取的专业，均为中外双方院校的优质特色专业，具有较强的教育教学实力。引进的国外专业核心课程体系包括教学模式、教学师资、教学大纲、课程教材、课程考核标准等，均经过严格论证和评估。在开展合作办学时，中德双方院校师资力量必须要有充分保障。中方院校和外方院校均安排具有丰富教学经验的外籍教师和中方教师进行授课，以强化学生的英语运用能力和学科基础，保证教育教学质量。除了开展合作办学以外，还要借鉴德国的"双元制"职业教育制度模式，合作制订适应中德两国养老服务人才的培训要求；立足我国健康与养老服务学院建设与发展，开展多层次养老服务人才专业化培训；面向养老机构管理人员、服务人员、护理人员和家庭照护者、养老服务志愿者等提供技术技能培训，实现养老服务人才培养与养老护理服务实践同步推进，推进中德两国养老护理员交流。同时围绕中国养老服务业发展需求，共同研发养老服务人才培养标准，突出具有国际化的养老服务理论标准、服务技能标准、服务机构管理标准等在内的养老服务标准体系实践研究，建设一批教育理念先进、人才培养特色鲜明的专业群，充分发挥在养老服务专业教育上的示范引领作用，促进中国养老服务业向标准化、优质化、国际化的方向发展。还要围绕产业发展需求，开展应用研发与成果转化，推动养老服务教育与技术、金融、生命健康等相关产业的互动与融合，进而更好地服务两国经济社会发展。

二、德国养老服务职教模式在中国的本土化实践

（一）构建养老服务专业"双元制"人才培养模式

中德双方开展养老专业合作，培养学生具有良好的职业素质，掌握必要的专业知识和较熟练的职业技能，搭建平台连同医院、老年医院、养老机构专家联合研讨，采用双元制人才培养模式，进行人才培养方案的开发，形成以能力为本位，教、学、做三位一体的德国双元制育人模式，学校、机构互动式教学模式。通过中德双方课程对接与融合，中德双方教师共同授课，以中英或中德（如果学生有德语基础）两种语言的学习为基础，结合德国养老服务专业的人才培养方案，依托德国双元制职业教育模式构建理念，培养具有扎实语言基础和职业技能的高素质技术技能人才。

（二）制定中德养老服务专业人才培养方案

学校组织成立以中德双方的行业企业专家、高职教育专家组成的"行校企"专业指导委员会，立足本地养老服务行业的需求，制订专业人才培养方案。在专业人才培养

方案中，融合德国教育职业标准、养老服务企业典型岗位工作标准，提升学生综合职业能力和岗位职业能力；形成"融合提升"的人才培养方案，建设职教专家、养老服务行业培训师、学习骨干教师组成的专兼教师团队；应用德国教育教学方法完成教学实施，学生参加德国养老服务行业职业资格考试和第三方人才培养质量监控，学历证书与德国养老服务职业资格证书或者学习证明双证毕业；实现符合养老服务企业岗位需求和德国教育职业标准的高技术技能人才培养。人才培养方案开发过程将养老服务企业典型岗位工作任务、德国职业教育职业标准框架教学计划和培训大纲中的学习领域、德国养老服务职业资格考试内容融合入课程体系，形成"职业能力进阶提升"模块化课程体系。该课程体系主要由职业素养课程、养老服务基础专业能力课程、养老服务综合职业能力课程、养老服务岗位职业能力课程等模块组成。其中职业素养课程模块的培养目标是使学生具有以社会主义核心价值观为基础的职业素养、养老服务企业职业行为习惯、职业道德等职业素养。基础职业能力课程模块培养不同企业所共同需要的专业能力；综合职业能力课程模块注重培养专业能力、方法能力、社会能力的综合职业能力，并完成向岗位职业能力转化，在学校、合作养老服务企业之间进行课程体系中工学交替，完成不同类型的课程模块教学，实现能力的进阶稳步提升。

（三）加强师资队伍建设

在中德合作共同培养养老服务专业人才的教学过程中，教师必须创新课堂教学观念，树立终身学习意识，引导学生不断发展。教师应当结合学生的认知规律以及教材内容，有效地掌握本专业新出的技术与成果，跟紧时代的发展步伐，有效地调整和完善教学内容，为学生提供丰富多样的教学资源和有针对性的指导。同时高职院校应当构建完善的教师培训体系，定期组织养老服务专业教师到中德两国的养老服务机构参与培训。这不仅有助于提高教师的实践教学水平，还有助于丰富教师的工作经验，也能提高教师国际化的能力。高职院校也可以邀请中德两国的养老服务机构的一线护理人员到学校内讲课，这能够使学生提前体验企业工作，从而为日后的实践打下坚实的理论基础，有助于学生更好地学习和发展。

（四）教学组织与管理

教学质量是中外合作办学发展战略的关键所在，而教学质量监管机制是中外合作办学发展的重要保证。在中外合作办学过程中，我校将严格执行德方的教学质量管理的要求及中德双方共同制订的质量标准。为保障合作办学按预期目标顺利进行，我校结合中外合作办学的自身特点，制订了一套教学质量监管机制，以保障中外合作办学的健康发展。教学质量监管机制共分为三个系统：教学质量组织系统、教学质量督导系统、教学质量评价系统（图8-4-1）。

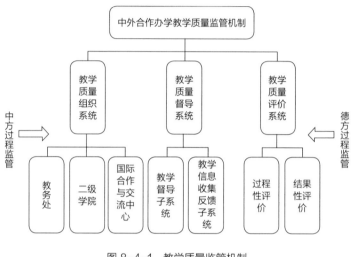

图 8-4-1　教学质量监管机制

1.教学质量组织系统

我院采用教务处、二级学院、国际合作与交流中心三方监管机制，即由教务处、二级学院、国际合作与交流中心构成三方监管保证组织。教务处负责中外合作办学的教学运行，并对教学质量进行监管；二级学院是实施教学及管理的实体，是监管与保证的最重要的组织；国际合作与交流中心负责与德方进行沟通、交流，对教学严格执行德方的教学质量管理的要求及中德双方共同制定的质量标准进行监督。

2.教学质量督导系统

教学质量督导系统完成与教学质量相关的各类信息的

反馈和调整，保证教学质量持续改进。该系统主要包括以下两个子系统：

教学督导子系统：主要由教学督导制度、听课制度、教学检查制度等组成，该系统目前在我院已较成熟，在中外合作办学过程中可直接借鉴并结合中外办学的特点加以完善。教学督导制度强化学院教学管理工作的调控职能，保证有关教学管理规章制度的贯彻执行；听课制度中听课人员包括院领导、中层干部、教研室主任、辅导员等，使学院各级党政干部及管理人员深入中外合作办学教学第一线，及时了解教学情况，倾听师生意见，发现并解决教学中存在的问题，避免教学一线与管理层的脱节，保证了教学管理工作的针对性和有效性；教学检查制度是常规教学管理的重要方面，是规范教学秩序的一项基础性工作，也是强化质量意识的重要措施之一。

教学信息收集反馈子系统：建立中外办学学生信息员制度，使学生在教学活动中处于主体地位，反映对此类新型办学形式、教学模式与方法、教学内容、国内外师资的有关意见和建议；每学期举办教师、学生座谈会，收集和反映中外办学过程中的某些问题及一些合理化建议。由质量管理处负责发布教学状态及质量测评结果，做到信息及时到位，问题、责任到人，并限制整改。对于通过教学检查、质量抽查及其他渠道获取的教学信息，通过文件、报告、简报或校内媒体等方式及时发布给有关教学单位和职能部门，及时将信息反馈给二级学院、职能部门、教师和学生班级，敦促各类问题尽快解决。

3. 教学质量评价系统

在教学质量评价系统中，通过对中外合作办学教学质量的过程性评价和结果性评价，完成对教师的教学能力的评价，学生的学习能力、职业能力的评价，以实现保证教学质量持续改进的激励功能。

教学质量评价系统包括以下几个方面：①常规的教学活动评价。通过日常的教学秩序检查，期初、期中、期末教学检查，二级学院对教学信息和学生对教学信息的获取反馈，及时了解和掌握教学活动情况。②随机的教学活动评价。通过教学督导员按中德双方提供的教学文件及质量标准对所有教学活动，特别是对课堂教学与实践性教学环节进行督导检查。③教师考核。根据学校制订的《内部质量保证体系诊断与改进方案》，每学期对中德双方教师的教学能力、行为、态度、效果进行全面考核。④评教评学。每学期举办评教评学活动，学生对教师、教师对班级进行定量、定性的评价，全面掌握中外办学过程中的教风、学风状况。

4. 德方教学质量监管

在中外办学过程中，德方对办学活动进行过程监督，主要有以下几个方面：

①课程管理：每门课程开始之前，中德双方都要向对方提供完整的教学文件；课程进展过程中，介绍德方对教学质量的监督检查，以及学生反馈意见的调查；学生平时作业和成绩要保存，以备德方查询；课程考核前，中德双方需提前向对方通报考核标准和方式，并获得双方的认可；考核结束之后，德方负责复核 10% 的试卷。②教师管理：课程开始之前，中德双方须将聘用的任课教师的简历通报对方，并获得双方认可，德方有权推荐更为适合的人选，任课教师应具有德方岗位培训和评估证书，或每 10 名任课教师在 2 名具有该证书的教师指导监督下授课。

三、中国养老服务人才的国际化输出对策

深入贯彻落实习总书记在全国教育大会的讲话精神、中办国办《关于做好新时期教育对外开放工作的若干意见》、国务院办公厅《关于深化产教融合的若干意见》、教育部关于《推进共建"一带一路"教育行动》，对照国务院《国家职业教育改革实施方案》和《中国教育现代化 2035》有关精神，我国养老服务专业人才的国际化输出应受到高度重视。通过对养老服务专业人才的国际化培养，结合前几章节的研究，笔者认为，培养和输送中国养老服务专业人才作为一项长期性系统工程须从以下几个方面着手。

（一）要有科学的输出指南

为实现养老服务专业人才的国际化输出，首先需要对国外养老服务行业及其运行机制有全面、深入的了解，对其所需要的能力和素质特点有深刻的认识，对养老服务企业的招聘、应聘程序及养老服务从业人员选拔标准有准确的把握。这一切有赖于调查为我们提供可靠的认识，有关调查成果是我们制定合理的、科学的养老服务专业人才的输出指南。

（二）以养老服务专业人员的追求为根本动因

在我国是人力资源大国的背景下，若想在培养和输出养老服务专业人才方面成为大国和强国，需要有较大批量的养老服务专业人员愿意选择国外养老服务企业和机构作为未来的职场。国外养老服务企业和机构虽然带来荣誉和较高收入的有利一面，但同时意味着要忍受与家人长时间的相思之苦、与以往熟悉的人脉圈子疏远分离、在多元文化语境中经受"文化震荡"、面对各种人生的不确定性而感到心理压抑甚至角色冲突。因此，养老服务专业人才权衡利弊作出选择国外养老服务企业和机构作为今后职业生涯的决定，是成功培养和输送养老服务专业人才的根本动因。

（三）以我国社会环境为输出养老服务专业人员的成长生态

养老服务专业人员的孕育和成长需要相应的社会环境，

养老服务专业人员应具有良好的职业道德、人际沟通和跨文化能力、团队协作意识、竞争意识和敬业精神，具有国际视野，了解国际规则，能熟练运用各种护理技术技能，完成基础老年护理、生活服务照料等操作，以吸引国外养老服务企业和机构接受中国的养老服务专业人员前往国外养老服务企业和机构工作。我国社会环境对国际化人才的成长和跨文化能力、多元文化管理能力的提升发挥着潜移默化的作用。

（四）以高等职业院校的培养为催化温床

我国高等职业教育在校生规模近千万人，是培养养老服务专业人员的重要平台。具有充分条件的专业和学科都应瞄准对应的国际养老服务专业人才类型特点，以项目班、实验班的形式展开养老服务专业人才培养的探索，以此深化教育教学模式的改革，推动学科专业的内涵式发展。项目班、实验班无论涉及何种学科和专业，除专业知识和能力外，都应把外语能力的培养放在重要地位，把跨文化能力、多元文化管理能力作为核心素养进行培养，尽可能在国外养老服务企业和机构拓展实习实践，并争取邀请本专业具有国外养老服务企业和机构工作经验的专家、学者定期予以指导。同时，高职院校应拓展与国外有养老服务专业的著名高校和国外养老服务企业和机构合作交流渠道，使国外留学、游学成为项目班、实验班学习过程的重要组成部分。

（五）以国家政策为推动抓手

国家应有计划地推动关于养老服务专业人员的各类研究项目，把政策的制定建立在可靠的科学认识的基础上；应为养老服务专业人员赴国外养老服务企业和机构求职、任职提供资助、咨询和培训，并为养老服务专业人员任职期满后回国发展提供便利，以此增强养老服务专业人员走出国门的信心和归属感。

参考文献

中文著作文献：

姚玲珍 . 德国社会保障制度 [M]. 上海：上海人民出版社，2011.

钟仁耀 . 养老保险改革国际比较研究 [M]. 上海：上海财经大学出版社，
　　2004.

于洪 . 外国养老保障制度 [M]. 上海：上海财经大学出版社，2005.

盖锐，杨光 . 社会保障学 [M]. 北京：清华大学出版社，2009.

张啸 . 德国养老 [M]. 北京：中国社会出版社，2010.

邹根宝 . 社会保障制度：欧盟国家的经验与改革 [M]. 上海：上海财
　　经大学出版社，2001.

和春雷 . 社会保障制度的国际比较 [M]. 北京：法律出版社，2001.

龚维斌 . 中外社会保障体制比较 [M]. 北京：国家行政学院出版社，
　　2008.

宾厄姆，菲尔宾格 . 项目与政策评估：方法与应用 [M]. 朱春奎，杨国庆，
　　等，译 . 上海：复旦大学出版社，2008.

姜守明，耿亮 . 西方社会保障制度概论 [M]. 北京：科学出版社，
　　2002.

赵永清 . 德国民主社会主义模式研究 [M]. 北京：北京大学出版社，
　　2005.

张桂琳，彭润金 . 七国社会保障制度研究——兼论我国社会保障制度
　　建设 [M]. 北京：中国政法大学出版社，2005.

弗兰克 · 费希尔 . 公共政策评估 [M]. 吴爱明，李平，等，译 . 北京：
　　中国人民大学出版社，2003.

周弘.福利国家向何处去 [M].北京：社会科学文献出版社，2006.

丁建弘.德国通史 [M].上海：上海社会科学院出版社，2002.

吴友法，邢来顺，等.当代德国——命运多舛的世界新秀 [M].贵州：
贵州人民出版社，2001.

霍尔斯特·杰格尔.社会保险入门 [M].刘翠霄，译.北京：中国法制
出版社，2000.

赵立新.德国日本社会保障法研究 [M].北京：知识产权出版社，
2008.

加田哲二.德国社会经济史 [M].上海：商务印书馆，1936.

弗兰茨·克萨韦尔·考夫曼.社会福利国家面临的挑战 [M].王学东，
译.北京：商务印书馆，2004.

中文期刊文献：

刘立新.工业 4.0 背景下德国职业教育 4.0 发展述评及启示 [J].中国
职业技术教育，2017（18）：5-12.

周荣慧，孙佩珍，陈立，等.德国护理教育 [J].山西护理杂志，1997（4）：
2.

占小梅，王辉.浅议德国职业教育体系结构与经济社会的适应性 [J].
职教通讯，2013（25）：43-47.

朱新卓，陈俊一.我国中等教育阶段普职关系面临的问题与变革的方
向 [J].教育研究与实验，2013（4）：11-15.

段言 . 德国职业学院：双元制人才培养模式及启示 [J]. 职业技术教育，2014（15）：71-75.

易亮，吴春晓 . 德国高等应用专业学院与萍乡高等专科学校的比较 [J]. 萍乡高等专科学校学报，2013（1）：82-86.

陈旭彬 . 德国职业教育师资队伍建设对广东技工教育的启示 [J]. 职业教育研究，2014（3）：41-44.

刘立新 . 工业 4.0 背景下德国职业教育 4.0 发展述评及启示 [J]. 中国职业技术教育，2017（18）：5-12.

易亮，吴春晓 . 德国高等应用专业学院与萍乡高等专科学校的比较 [J]. 萍乡高等专科学校学报，2013（1）：82-86.

孙中涛 . 德国职业教育师资队伍建设的特点及启示 [J]. 宁波职业技术学院学报，2015（5）：11-13.

胡永东 . 德国职业教育的经费模式 [J]. 中国职业技术教育，1996（5）：39-40.

段玉青 . 德国职业教育经费保障体系对我国西部职业教育的启示 [J]. 教育财会研究，2012，23（2）：40-43.

王作启 . 职业教育课程体系的建立方法及原则 [J]. 劳动保障世界，2017（36）：67-68.

李嘉 . 德国老年护理教育现状对我国的启示 [J]. 实用临床护理学杂志，2018，3（20）：184.

刘晓敏 . 德国的老年护理 [J]. 中华护理杂志，2001，36（7）：559-560.

曹俊.高职老年护理人才培养目标的构建和课程设置的研究 [J]. 学术
　　论文，2017：24.

梁珣，徐利云，周楠.德国老年护理教育现状及思考 [J]. 中国实用护
　　理杂志，2016，32（6）：460-462.

梁珣，徐利云，周楠.德国老年护理教育现状及思考 [J]. 中国实用护
　　理杂志，2016，32（6）：460-462.

金松洋，颜丽芳，李少华.基于职业能力的高职护理专业核心课程标
　　准研究——以急救护理为例 [J].高职教育研究，2018，5：29-
　　31.

张蕾.德国养老体系及老年安居形式 [J]. 中国住宅设施，2014
　　（3）:50-55.

卢求.德国养老体系与设施建设研究 [J]. 住区，2016（1）：18-27.

窦元.德国养老保险市场与寿险业发展情况介绍 [J]. 中国保险，
　　2011（1）：60-62.

包学雄，黄红梅.德国俾斯麦时期养老保险的历史效果与缺陷研究 [J].
　　中国乡镇企业会计，2010（12）：176-178.

沈建，张汉威.德国社会养老保障制度及其启示 [J]. 宏观经济管理，
　　2008（6）：69-72.

孙辉.全球化与西欧福利国家制度的困境 [J].教学与研究，2002(7)：
　　38-43.

杨直.“新社会市场经济倡议”——一场有关德国经济体制改革的大
　　讨论 [J].德国研究，2002（2）：27-32，78.

郑秉文.一年来欧洲主要国家福利改革新动向综述(上)[J].中国经
　　贸导刊,2001(17):41-42.

陈南雁.德国推进养老保险制度改革的策略研究[J].国际论坛,
　　2008(6):71-76,79.

王川,邢傅玲.德国的养老保险制度的运行模式及改革方向[J].经济
　　纵横,2007(18):8-10.

林季红.经济全球化浪潮冲击下的社会福利国家[J].云南财贸学院学
　　报:社会科学版,2004(6):29-32.

尚庆飞,宋书琴.从积极福利到社会投资型国家——吉登斯福利国家
　　概念初探[J].淮阴师范学院学报:哲学社会科学版,2006(1):
　　28-32,139.

张新杰.德国的社会保障制度及启示[J].党政论坛,2004(4):
　　42-43.

夏炎.养老负担日益沉重　德国改革退休制度[J].劳动理论与实践,
　　2002(3):13.

苏春红.德国社会保障制度述评[J].山东社会科学,2005(8):
　　151-153.

丁建定.社保改革:施罗德在反对声中蹚水而行[J].中国社会保障,
　　2005(5):30-32.

侯立平.21世纪德国的两次养老保险体制改革[J].保险职业学院学
　　报,2006(2):40-43.

李道滨.欧盟国家养老金改革：反思和借鉴 [J].广东金融学院学报，
2006（5）：75-82.

邵芬，杜爱萍.中德养老保险制度之比较 [J].当代法学，2003（5）：
87-92，151.

陈浩，等.转型社会保障制度论 [J].长白学刊，2007（2）：41-
44.

郑秉文.“福利模式”比较研究与福利改革实证分析——政治经济学
的角度 [J].学术界，2005（3）：31-46.

陈飞飞.人口老龄化与德国法定养老保险制度改革 [J].德国研究，
2006（4）：30-33，78.

魏磊.德国福利制度改革的困局与怪圈 [J].领导之友，2007（6）：
55-56.

王川，邢僡玲，陈涛.德国社会保障制度现状以及对我国的启示 [J].
行政与法，2008（1）：36-38.

刘翠霄.中国和德国农村社会保障制度比较分析 [J].民商法论丛，
2001（19）.

郑春荣.德国企业补充养老保障体制分析 [J].德国研究，2000（1）：
20-24，62.

张忠利，刘春兰.德国养老保险体系及对中国的启示 [J].哈尔滨工业
大学学报：社会科学版，2007（2）：49-52.

谭严，罗生全.德国职业教育护理专业“学习领域”课程的价值取向
及借鉴 [J].职教论坛，2015（3）：93-96.

李嘉.德国老年护理教育现状及对我国的启示 [J].实用临床护理学电子杂志，2018，3（20）：184+191.

刘炜.体验德国职业教育 领悟先进教学方法 [J].科技展望，2016，26（12）：347.